走在前列的山东农药
——山东省农药行业发展历程

ZOUZAI QIANLIE DE
SHANDONG NONGYAO

许 辉 张耀中 葛家成 主编

化学工业出版社
·北京·

内容提要

本书回顾、整理、展示了山东省农药行业70年的发展历程,记录山东省农药事业繁荣发展、求实创新的足迹,书写山东省农药行业奋发向上、艰苦奋斗的期盼和理想。主要介绍了山东省农药企业发展、研究管理机构、企业优秀代表及专家,以及山东省农药行业的科技与创新、国际贸易与对外交流、社会责任等,并附山东省农药行业大事记。

本书史料丰富,数据翔实,可供农药行业研究、管理人员和关心农药产业的有识之士阅读收藏。

图书在版编目(CIP)数据

走在前列的山东农药:山东省农药行业发展历程/许辉,张耀中,葛家成主编. —北京:化学工业出版社,2020.8
ISBN 978-7-122-37144-7

Ⅰ.①走… Ⅱ.①许…②张…③葛… Ⅲ.①农药工业-产业发展-概况-山东 Ⅳ.①F426.76

中国版本图书馆CIP数据核字(2020)第093141号

责任编辑:冉海滢 刘 军　　　　　　装帧设计:刘丽华
责任校对:张雨彤

出版发行:化学工业出版社(北京市东城区青年湖南街13号　邮政编码100011)
印　　装:北京缤索印刷有限公司
787mm×1092mm　1/16　印张13　字数283千字　2020年8月北京第1版第1次印刷

购书咨询:010-64518888　　　　　　　　售后服务:010-64518899
网　　址:http://www.cip.com.cn
凡购买本书,如有缺损质量问题,本社销售中心负责调换。

定　价:180.00元　　　　　　　　　　　　　　　　　　　　版权所有　违者必究

本书编委会

主　任：王登启

副主任：许　辉　杨武杰

委　员：

王登启　许　辉　杨武杰　徐兆春　尹燕思　彭科研
张耀中　张　昊　孙永忠　吴　培　闫新华　黄延昌
葛尧伦　刘元强　赵　焱　马秀臻　王　政　王现全
王　铭　成道泉　沈晓峰　王玉亭　姚银娟　郭前玉

本书编写人员

主　编：许　辉　张耀中　葛家成

编写人员：

许　辉　张耀中　葛家成　张　昊　夏　雨　金　岩
周　力　张荣全　于志波　孟令涛　丘红兵　吴　培
侯常青　刘　波　刘敬民　张平南　罗　娜　赵广义
赵　波　张燕青　欧阳雷

序 一

农药产业是绿色化工、现代高效农业等产业的重要组成部分，带动金融、物流、植保机械等相关产业创新发展，是国民经济的重要组成部分。《走在前列的山东农药——山东省农药行业发展历程》一书，全面客观地梳理了新中国成立以来山东省农药产业的发展历程，揭示了以改革和实干促发展的成长经验，值得业内人员和关心农药产业的有识之士一览。书中记载的 2010 年和 2017 年小麦条锈病害等通过农药投入控制住灾情、保障农业生产的案例，反映了农药产业对保障粮食安全、农产品质量安全、生态环境安全和公共卫生健康安全的重要作用，是正确认识农药的科普，也是对"妖魔化"农药言论的释惑。

农药有效防控病虫灾害、保障粮食安全的作用不可替代。农业生产受气候和环境的影响大，病虫草鼠害的发生不可避免，必须通过施用农药等防治措施，控制虫害、草害，遏制病害、鼠害，实现农业增产丰收、提质增效。农药在林业、草原和卫生病虫害防控方面也发挥了巨大的作用。当前，我国农业发展进入新的历史阶段，推进农业绿色发展是农业发展观的一场深刻革命。农业绿色发展与农药绿色发展休戚相关。以绿色理念引领农药产业高质量发展意义重大、影响深远。为切实保障农产品质量安全，控制农药残留和作物自身免疫毒素，必须加快研发应用高效、低风险、低残留农药，推进绿色防控和统防统治融合，禁限用高毒、高风险农药。同时，为遏制农药过量使用、滥用现象，必须推进对症施药、精准施药。

进入新时代，山东省农药产业发展必须深入贯彻落实习近平生态文明思想，坚持"减量替代是常态，等量替代是例外，亩产效益论英雄，安全环保守底线"原则，结合具体实际和实践，持续优化产业布局、加快资源整合、优化产品结构、提升产品质量，做强产业生态，培育壮大新动能，打造齐鲁大地的国家级、世界级农药产业集群，不断提升创新能力和竞争力，描绘出新时代山东农药产业全新篇章。

山东省农业农村厅厅长

李希信

2020 年 5 月

序 二

在中华儿女欢庆新中国70年华诞之际，回顾山东农药行业70年发展历程，展望新的伟大事业，给人启迪，令人鼓舞，更激励着我们农药人创造新的辉煌业绩。

山东农药行业从新中国成立初期起步，历经70年风雨沧桑，经过几代人的艰苦奋斗，从无到有、从小到大、从弱到强。今天的山东农药行业已经具备了完整的工业体系，位居全国第二位，为保障国家粮食战略安全和人民健康发挥了重要作用。

然而，随着国家有关安全、环保、农药登记、"农药使用量零增长"、知识产权保护等政策的出台，农药行业发展面临新的挑战，促使企业进行改变和创新，作为企业管理者必须认真思考并采取有效的行动，才能保持企业可持续发展。

当行业竞争加剧、市场进入低迷时，多数企业都会通过削减成本、简化运营程序等方式加以应对，直至情况趋于好转，但同时也开辟出一片孕育创新的沃土。那些学会了如何以更快、更节约成本、更能规避风险的方式来进行创新的企业将化危为机，脱颖而出，变得比以往更加强大。

在企业以创新求发展、以采取有力手段削减经营成本的同时，作为企业管理者应重点思考以下四个方面的问题：

一是审时度势，切忌盲目投资。及时终止走向下坡路的业务，以使更多的资源用于具有发展前景的创新业务。

二是转变思维，引进吸收新型管理模式。彻底改造落后的流程，推动适合新业态发展的管理模式。

三是合作共赢，加强并完善产业链建设。与消费者、竞争对手和供应商缔结联盟，以降低风险。

四是重塑现有产品和服务特色，以合理的价格提供质量"足够好的"产品和服务，吸引价值导向型消费者，抵御来自低成本竞争对手的冲击。

七十年栉风沐雨，七十载春华秋实。山东省农药行业在党和各级政府的关怀下，在全体农药人的共同努力下，不断发展壮大。固本开新，砥砺前行，站在新的历史起点上，我们要进一步增强历史使命感、责任感和紧迫感，主动适应行业发展新形势，不忘初心，牢记使命，凝心聚力，抢抓机遇，全面增强山东省农药行业创新核心竞争力，奋力谱写山东农药行业新篇章！

山东省农药行业协会理事长　许辉

2020 年 5 月

前　言

新中国成立以来，尤其是改革开放以来，是山东省农药行业迅速发展的时期，也是山东省农药行业改革创新、最辉煌的时期。通过不断建设与发展，无论是农药产品品种、产品质量、生产规模，还是出口创汇，山东省都位居全国前列，成为我国建设较早、基础较好、科研技术水平较高的重要农药生产基地，山东省农药行业为中国农药工业和农、林业生产发展以及环境保护、维护生态平衡、保障人民群众身体健康、保障国家粮食战略安全做出了应有的贡献。

2019年欣逢中华人民共和国成立70周年，值此举国共庆之际，我们回眸风云激荡的山东省农药行业发展历程，记录山东省农药事业繁荣发展、求实创新的历程和足迹，书写山东省农药行业奋发向上、艰苦奋斗的期盼和理想，展示山东省农药工作者孜孜以求、奋斗自强的智慧和业绩。

本书由山东省农药行业协会组织编写，在编写过程中得到了山东省农业农村厅农药管理处、山东省植物保护总站、山东省农药检定所、山东省农药科学研究院、山东省植物保护协会的支持与帮助，省内相关农药企业为本书提供了大量数据及图片资料，为本书的编写积累了宝贵的素材，在此对以上单位表示诚挚的感谢，也正是有你们的陪伴，我们才有努力的方向。

限于编者水平，书中疏漏之处在所难免，恳请广大读者批评指正！

编者

2020年5月

目 录

第一部分 山东省农药行业发展历程

1. 起步阶段（1941—1977） / 002
2. 调整阶段（1978—1988） / 006
3. 稳定发展阶段（1989—1993） / 007
4. 快速发展阶段（1994—1999） / 009
5. 突破发展阶段（2000—2009） / 010
6. 创新引领阶段（2010—2019） / 011
7. 数据图解 / 012

第二部分 山东省农药企业发展

山东大成生物化工有限公司（张店农药厂） / 016

青岛农药厂 / 021

山东华阳农药化工集团有限公司 / 023

青岛双收农药化工有限公司（青岛第二农药厂） / 026

德州农药厂 / 030

山东埃森化学有限公司（临沂农药厂） / 033

淄博市周村穗丰农药化工有限公司（周村农药厂） / 035

济宁圣城化工实验有限责任公司（济宁化工实验厂） / 039

山东东都农药厂 / 041

菏泽农药厂 / 042

高密县农药厂 / 043

烟台沐丹阳药业有限公司（山东省海阳农药厂） / 046

山东省长清农药厂有限公司

（山东长清农药厂）/ 047

乐陵农药厂 / 049

龙口市化工厂 / 051

山东京蓬生物药业股份有限公司 / 052

山东胜邦绿野化学有限公司 / 053

侨昌现代农业有限公司 / 056

京博农化科技有限公司 / 058

山东先达农化股份有限公司 / 060

山东科赛基农控股有限公司 / 061

山东邹平农药有限公司 / 063

山东中石药业有限公司 / 064

招远三联化工厂有限公司 / 065

潍坊海邦化工有限公司 / 066

山东科源化工有限公司 / 067

青岛瀚生生物科技股份有限公司 / 067

山东中农联合生物科技股份有限公司 / 068

海利尔药业集团股份有限公司 / 071

山东滨农科技有限公司 / 074

青岛清原集团 / 076

山东绿霸化工股份有限公司 / 077

山东潍坊润丰化工股份有限公司 / 079

山东齐发药业有限公司 / 080

菏泽北联农药制造有限公司 / 081

济宁高新技术开发区永丰化工厂 / 081

济南天邦化工有限公司 / 082

走在前列的山东农药

山东仕邦农化有限公司　/ 083
济南中科绿色生物工程有限公司　/ 083
威海韩孚生化药业有限公司　/ 083
山东亿嘉农化集团　/ 084
山东东泰农化有限公司　/ 085
淄博新农基作物科学有限公司　/ 086
山东恒利达生物科技有限公司　/ 087
青岛金尔农化研制开发有限公司　/ 087
山东兆丰年生物科技有限公司　/ 089
山东康乔生物科技有限公司　/ 089
山东科大创业生物有限公司　/ 090
山东大农药业有限公司　/ 090
山东海讯生物科技有限公司　/ 090
淄博美田农药有限公司　/ 091
青岛星牌作物科学有限公司　/ 091
山东科信生物化学有限公司　/ 092
山东禾宜生物科技有限公司　/ 092
潍坊华诺生物科技有限公司　/ 093
山东新势立生物科技有限公司　/ 093
山东源丰生物科技有限公司　/ 094

第三部分　科技与创新

1. 所获荣誉与认证　/ 096
2. 产学研合作　/ 098
3. 标准与专利　/ 101
4. 品牌与上市　/ 102

第四部分 国际贸易与对外交流

1. 山东省农药国际贸易情况　/ 106
2. 国际交流　/ 110
3. 两岸交流　/ 114

第五部分 安全与环保

1. 农药行业安全与环保的技术要求　/ 118
2. 环保装置　/ 118
3. 安全培训与安全检查　/ 120

第六部分 社会责任

第七部分 山东省农药研究管理机构

1. 山东省农业农村厅农药管理处　/ 124
2. 山东省植物保护总站　/ 124
3. 山东省农药检定所　/ 134
4. 山东省农药科学研究院　/ 135
5. 山东省农药行业协会　/ 138

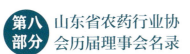
第八部分 山东省农药行业协会历届理事会名录

山东省农药工业协会第一届理事会名录　/ 146
山东省农药工业协会第二届理事会名录　/ 149
山东省农药工业协会第三届理事会名录　/ 152
山东省农药工业协会第四届理事会名录　/ 154
山东省农药工业协会第五届理事会名录　/ 156
山东省农药工业协会第六届理事会名录　/ 158
山东省农药工业协会第七届理事会名录　/ 161
山东省农药行业协会第八届理事会名录　/ 164

附录 山东省农药行业大事记

结束语

第一部分

山东省农药行业发展历程

起步阶段

(1941—1977)

(1) 起点

1941年春,胶东东海专员公署决定,成立东海工业研究室。

1941年,日商在青岛建立兴亚农药株式会社,除种植除虫菊外,少量生产乳剂及杀虫液。1944年开始大量生产蚊香及乳剂,附属产品有杀蝇水、除虫粉等,全部供给日军使用。1945年日本投降后停止生产。

1947年3月,胶东行政公署为发展解放区的农业生产,在东海工业研究室等单位的基础上,决定组建农药厂,地址在招远县玲珑金矿附近的赵各庄村,取名"玲珑农药厂"。利用玲珑金矿副产的硫酸铜,与石灰配制杀菌剂波尔多粉剂,利用当地生产的烟草加工制造杀虫剂"烟草合剂",后因原料缺乏而停产。山东省的农药生产由此开始。

1947年5月该厂划归胶东农场领导,改名为农药研究组,研制土农药花生油乳剂、石灰硫黄合剂等。

1948年10月,胶东行政公署在胶东牙前县古现村(现为海阳市古现村)成立胶东农化研究室,利用当地的有毒植物研制加工除虫菊、杠柳根、苦树皮、草乌头、狼毒、迎山红等植物农药,并利用当地资源生产石灰硫黄合剂、波尔多液等无机农药。1949年初,胶东农化研究室利用土产萤石、石英等矿产试制氟化钠获得成功,以后又成功试制氟化铁、氟化钾。这两种无机杀菌剂,在胶东解放区用以防治小麦黑穗病、大麦秸黑穗病、高粱谷子乌米病、谷子白发病以及果蔬病害等,都起了一定的作用。

1949年6月青岛解放后,为及时控制胶东解放区局部地区出现的大面积蝼蛄虫害,保证小麦及时播种,胶东农化研究室迁至青岛,租借私营的青岛建益化学厂,开始生产无机农药杀虫剂氟化钠。是年8月开始投产,至9月初共生产粗制氟化钠25吨,运往灾区使用后,虫害被迅速控制。此后,胶东行政公署遂投资3900万元(人民币旧币)买下了建益厂厂房及设备,以胶东农化研究室为基础,于1949年10月1日

山东省农药制造厂前身玲珑农药厂、农化研究室在胶东的旧址

成立了胶东农药厂（张店农药厂、青岛农药厂前身）。

1950年，胶东农药厂改属山东省实业厅，更名为山东省农药制造厂。

1951年4月，华东军政委员会农林部将该厂收归直接领导，并遵照当时限制在沿海发展工业的精神，决定在张店建厂。同年5月开始筹建，年底第一期工程竣工。1951年初，以三氯乙烯为原料，试制仓储粮食用农药熏蒸剂氯化苦成功，为国内首创。

1952年1月，主要生产车间和厂部迁往新建的张店农药厂，厂名为华东农林部张店农药厂，青岛原厂成为其分厂，1956年青岛分厂独立为青岛农药厂，隶属青岛市轻工业局。

（2）50年代

艰苦创业时期农药包装生产线

艰苦创业时期农药生产装置

山东省农药制造厂建厂初期的调令

50年代山东省农药制造厂大门

　　1957年,全省农药产量3828吨。自1958年开始投产了六六六和敌百虫等重要品种;在聊城、威海、胶县、安丘、滕县、日照、昌邑、济宁等地建立了农药加工厂。到1960年,农药企业发展到13个,产品增加到15种,产量达到4453吨,初步形成了包括农药加工在内的化学农药工业基础。

　　滴滴涕和六六六的研制和生产标志着山东省现代农药工业发展拉开序幕。

青岛红旗农药厂生产的滴滴涕乳油

(3) 60年代

　　60年代初,国民经济出现暂时困难,农药生产亦受到影响。1961年山东省内农药企业亏损175万元。1962年山东省农药产量降至939吨。1965年后,按照国务院总理周恩来的指示,大抓了农药生产,加快了农药系列品种的发展。其中以有机磷杀虫剂增加最多,重要的品种有敌敌畏、乐果、对硫磷等。有机氯杀虫剂滴滴涕、杀菌剂代森铵、粮食熏蒸剂磷化铝等亦相继建成装置投产。

（4）70年代

1973年，山东省农药企业发展到16家，产品增至24种，产量突破万吨。1974年，由于"江青反革命集团"煽动"停产闹革命"的影响，农药生产遭到破坏，产量下降，出现亏损。到1976年，3年时间共亏损1074万元，其中1974年即亏损595万元。粉碎"江青反革命集团"后，农药生产增长较快。

起步阶段使用的农药主要是有机汞、有机砷、有机氯（六六六、滴滴涕）等类别，这些化学农药对病虫害的防治效果得到了广泛认可。农药在防治卫生害虫方面也发挥了巨大作用，20世纪70年代，五氯酚钠为我国"送瘟神"、防治血吸虫立下了汗马功劳。

调整阶段

（1978—1988）

（1）70年代后期

1978年，农药生产增长较快，山东省先后投产了久效磷、杀螟松、倍硫磷、异丙磷、甲胺磷等新品种。全省农药产量达到1.54万吨。但农药产品结构比例失调问题开始暴露出来，老品种敌百虫、乐果、马拉硫磷、敌敌畏和高残留农药六六六、滴滴涕6个品种的产量达1.12万吨，占农药总产量的72.7%。

1979年，这些老品种的库存量增至年销售量的2～4倍，造成积压。

1979年9月第一期农药乳化剂复配培训班

（2）80年代

1979年开始，按照中共中央提出的"调整、改革、整顿、提高"的方针，山东省对农药企业和品种结构进行了全面调整。通过投产氧化乐果、水胺硫磷、辛硫磷、甲基异柳磷、杀虫双、乙磷铝、三氯杀螨醇等新品种，淘汰和压缩部分老品种生产，并对部分产品的工艺、设备进行技术改造，逐步实现了产品的更新换代。

1983年4月1日起停止六六六、滴滴涕的生产和使用。

1984年，在淘汰了六六六和滴滴涕两个大吨位农药品种后，全省农药产量为1.18万吨，比1978年虽减少23.1%，但高效低残留农药占农药总量的比重却由1978年的71.3%上升到96.2%，农药产值达到1.93亿元，利税增加到1880万元，分别比1978年增长21.6%和88.2%。1983～1985年，由于进口农药增多，农药市场受到冲击，造成部分企业一度停产或半停产。为改变这种状况，国家控制了农药进口，省政府也采取了调控措施，发展了久效磷、氧化乐果等有机磷农药品种。

1988年底，经过近40年的发展，山东省已形成从科研、原药生产到制剂加工的全产业链农药工业体系，先后研制和投产过70多个农药品种。全省有农药生产企业13个（其中大中型企业4个），职工9471人。

生产农药品种涉及杀虫剂、杀菌剂、除草剂以及杀螨剂、杀线虫剂、杀鼠剂、粮食熏蒸剂、植物生长调节剂8大类近30个品种。

1988年，省政府颁发《关于化肥、农药、农膜实行专营的具体规定的通知》。

1988年全省农药产量为1.1万吨，占全国总产量的6.2%，年产量是1950年的75.6倍，其中山东农药厂、青岛农药厂产品

"农药大师"——台震林

关于化肥、农药、农膜实行专营的决定

约占全省农药产量的40%，年产值2.37亿元，实现利税4566万元，出口量1147吨，创汇440万美元。山东省成为全国农药生产的重要省份之一。

改革开放初期农药品种以有机氯类为主，占到农药使用量的70%。民营企业得到迅速发展，国有农药企业纷纷改制，农药生产能力得到较快提升。

稳定发展阶段

（1989—1993）

随着有机磷农药的开发生产，农药企业由原来的3家发展到100多家。这一阶段主要以生产有机磷农药为主，兼以生产、分装氨基甲酸酯和拟除虫菊酯类农药等为辅。

农药生产企业和农药产量有所增加。主要农药产品有敌敌畏、敌百虫、氧乐果、对硫磷、甲基对硫磷、甲胺磷等有机磷类和甲萘威（西维因）等氨基甲酸酯类，以及分装氰戊菊酯、氯氰菊酯等拟除虫菊酯类农药。

1989年1月9日，山东省石油化学工业厅制定《农药产品生产准产证管理办法》。

1990年6月26日，山东省石油化学工业厅发布《关于加强农药生产准产证发放管理工作的通知》。

1990年9月25日，山东省卫生厅、山东省农业厅、山东省石油化学工业厅发布《山东省农药毒性试验暂行管理办法》。

1990年，山东省农药产量达到1.45万吨，产品涉及8大类36个品种。

1993年底，山东省共有农药生产企业143家，其中原药生产企业28家、生物农药生产企业19家、农药加工企业96家；职工3万余人；可生产农药原药品种59个，列全国第二位，年产量2.1万吨，列全国第四位，年产值15亿元，利税1亿元。

4 快速发展阶段

（1994—1999）

（1）规范管理，改革体制

1994年8月，国务院颁布《国务院关于改革化肥等农业生产资料流通体制的通知》，改革了农药国家统购统销政策，标志着农药生产经营从计划经济转向市场经济。

1994年12月，山东省化学工业厅制定"九五"期间山东省农药行业发展规划（征求意见稿）。

1994年12月，山东省农药工业协会成立。

1994年，山东省第一届农药（械）信息交流暨展览会成功举办。

1997年，国务院颁布《农药管理条例》，这是新中国建立后发布的第一个农药管理法规，是加强农药行业法制建设的重大举措。自此中国农药管理监管主体框架初步建成。

（2）快速发展

1995年，山东省农药生产相应形成了以有机磷类农药为主、以氨基甲酸酯类和拟除虫菊酯类农药为辅的产品结构；全省农药原药产量达到2.79万吨，其中有机磷类农药约占全省农药总产量的70%，甲胺磷、久效磷、甲基对硫磷、乙酰甲胺磷等11种产品打入国际市场，年出口量2000吨，创汇800万美元。

1996年，15家农药原药企业实现销售收入10.76亿元、利税0.74亿元，分别占全国的12.8%、15%，均居全国第三位，杀虫剂、杀菌剂、除草剂分别占全省农药年产量的86%、8%、2%。

1999年，15家农药原药企业实现销售收入13.9亿元，生产能力达72921吨（折百），其中除草剂1856吨。

突破发展阶段

(2000—2009)

2001年6月4日,《山东省农药管理办法》(山东省人民政府令第121号)经山东省人民政府批准,颁布施行,于2004年修正。

2002年,全省30家原药生产企业实现销售收入22.56亿元,出口创汇1860万美元,生产原药近6万吨。随着科技研发不断深入,加工技术实现突破性发展,山东省农药工业整体水平有了较大提高,逐步走上可持续发展道路。

2006年底,山东省共有农药生产企业230家,其中原药生产企业78家(骨干农药原药生产企业约39家),其余为加工、复配企业。2006年,山东省39家骨干原药生产企业共完成原药产量(折百)13.79万吨,销售收入58.96亿元,利润3.134亿元,利税4.149亿元,出口创汇1.162亿美元。

现代农药企业生产线

胜邦绿野投资1200万元建设的杀菌剂全自动化车间投入试产

2007年1月1日起，我国禁止生产和禁止使用甲胺磷、对硫磷、甲基对硫磷、久效磷、磷胺五种高毒有机磷农药。

高效、环保新剂型发展迅速，产品结构有所调整，除草剂进入发展快车道，新剂型发展较快。目前已能生产几十种农药剂型，农药原药与制剂比例由1:3左右发展到1:8左右。农药制剂品种中，悬浮剂、水分散粒剂、水乳剂等环保型剂型产品所占比例呈上升趋势。

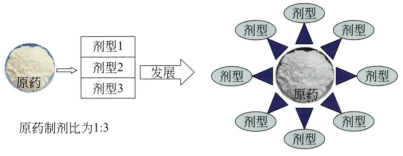

6

创新引领阶段

（2010—2019）

2017年6月1日，国务院批准新《农药管理条例》施行。

2017年8月1日起，《农药登记管理办法》《农药生产许可管理办法》《农药经营许可管理办法》《农药登记试验管理办法》《农药标签和说明书管理办法》及《农药登记资料要求》6个配套规章施行。农药行业的发展进入一个新的时代。

在"无公害食品行动计划"的引导下，农药生产和使用加快向高效、低毒、低残留的方向发展，烟碱类农药、昆虫生长调节剂以及生物农药得到了较快发展。

数据图解

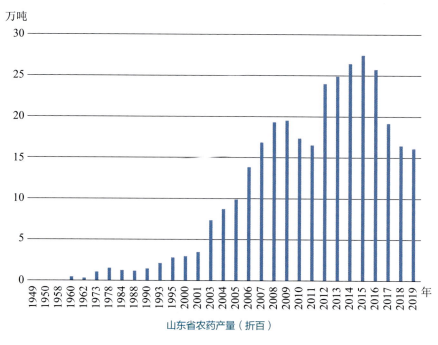

山东省农药产量（折百）

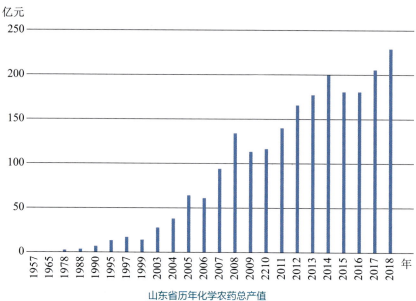

山东省历年化学农药总产值

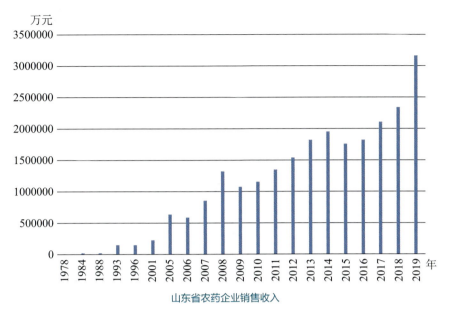

山东省农药企业销售收入

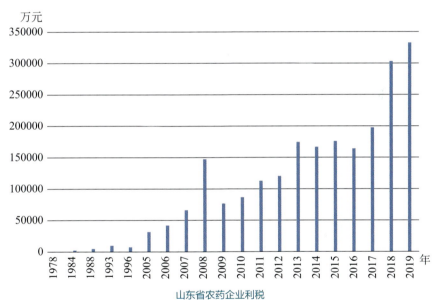

山东省农药企业利税

第二部分

山东省农药企业发展

山东大成生物化工有限公司

(张店农药厂)

1949年10月1日，胶东农药厂（张店农药厂、青岛农药厂前身）成立。1950年改属山东省实业厅，更名为山东省农药制造厂。1951年4月，华东军政委员会农林部将该厂收归直接领导，并遵照当时限制在沿海发展工业的精神，决定在张店建厂。同年5月开始筹建，年底第一期工程竣工。1951年初，以三氯乙烯为原料，试制出仓储粮食用农药熏蒸剂氯化苦，为国内首创。1952年1月，主要生产车间和厂部迁往新建的张店农药厂，厂名为华东农林部张店农药厂，青岛原厂成为其分厂。1953年，由华东农林部转山东省工业厅领导，厂名改为山东省工业厅农药厂。1958年下放归淄博市领导，厂名定为张店农药厂。张店农药厂是化工部14个重点骨干农药厂家之一，也是我国历史最悠久的国家四大农药企业之一。

1958年开始生产三氯化磷，最初年产量仅几吨，60年代中期年产量达到千吨以上。1983年生产能力达到3500吨，实际产量4006吨。1985年生产能力达7000吨，实际产量4116吨。

1963年，从生产敌百虫的过程中成功回收盐酸，当年回收172吨。1965年，回收盐酸1221吨。

张店农药厂生产的敌百虫被国家经委评为全国质量第一名。为给农药敌百虫配套，于1963年建起日产1吨的三氯乙醛装置，后经扩建，1965年生产能力达到1500吨，1969年生产能力达2500吨。

1967年4月，年产能力3500吨的电解法生产烧碱装置建成，并一次试车成功，当年产烧碱2373吨（折百）。1969年，对烧碱工程进行扩建，至翌年竣工投产，年生产能力达到1万吨。1971年生产烧碱1.08万吨，达到设计要求。1975年生产烧碱1.61万吨，比1971年增长49%。1976年始，投资560万元对烧碱生产系统进行改造挖潜，至1979年基本完成，年生产能力提高到2.5万吨，名列山东省第二位，当年实际生产烧碱1.86万吨。1980年以后，烧碱年产量一直保持在2万吨以上，1983年产量为2.02万吨，1985年生产烧碱2.23万吨。

1970年，随万吨电解烧碱装置的投产而开始生产合成盐酸，当年产量378吨。1970年开始生产氯气，当年产液氯353吨。此后产量不断增加，1982年产量为2725吨，1985年液氯的生产能力为7000吨，实际产量为3008吨。1977年开始生产氢气，产量一般为年产100万立方米以上。自1977年投产氧气，年产量一般在20万立方米以上。

1985年3月30日，张店农药厂更名为山东农药厂。

1988年10月25日，淄博市经济体制改革委员会批复成立山东农药工业股份有限公司，成为淄博市首批股份制试点单位。

1995年，年产1500吨草净津技改项目被国家批准立项。

1995年11月11日，中国证监会复审同意山东农药工业股份有限公司社会公众持有的4950万股股票上市交易。12月6日，"山东农药"股票在上海证交所上市，成为沪市第一支支农题材股，山东农药工业股份有限公司成为全国农药行业第二家、山东省化工企业第一家上市公司。

1998年，山东农药工业股份有限公司生产敌敌畏6178吨，氧化乐果1830吨。草净津项目形成1000吨/年生产能力并获国家级新产品称号。与山东农业大学联合研制开发的新型旱田除草剂——40%除草净水浮悬剂12月在济南通过鉴定，该产品填补了国内玉米除草剂的空白，达到发达国家水平。高科技生物农药7051杀虫素完成立项，该项目此前获国家"八五"科技攻关重大成果奖和化工部科技进步一等奖。

1998年6月29日，淄博市属重点企业集团山东大成集团成立揭牌，更名为山东大成农药股份有限公司。

1999年，生产农药（折百）13024吨，其中敌敌畏7998吨、氧化乐果2265吨。

2002年，年产1万吨氧化乐果技改项目、2000吨拟除虫菊酯工程竣工投产。生产的95%甲氰菊酯原药和97%原粉达国际领先水平。两个项目的建成，使大成集团成为全国最大的菊酯和氧化乐果产品生产基地。

2003年12月，荣膺"2003年中国化工企业500强"。

2015年，再次重组更名为山东大成生物化工有限公司。

20世纪50年代的张店农药厂生产车间

1967年4月25日，由国家计委投资、张店农药厂自行设计安装的烧碱项目一次投料试车成功，年产3500吨烧碱生产线投入生产，正式形成了以农药为基础的生产结构

解放前后的印有"华东军政委员会农林部""张店农药厂制"的石灰硫黄合剂

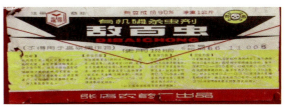

张店农药厂杀虫剂"敌百虫"标签

解放日报"敌百虫"报道

山东省工业厅农药厂产品介绍

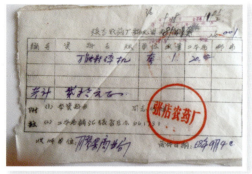
张店农药厂备纸材料寄送单

张店农药厂铁路运输线

科一支部参加合唱比赛

山东农药厂大门

山东农药厂运输队

山东农药厂团委组织演出

山东省农药企业发展

山东农药厂厂区

山东农药工业股份有限公司股票

山东省化学工业厅授予山东农药工业股份有限公司
"先进集体"称号

1997年5月18日，时任中共中央政治局委员、中共山东
省委书记吴官正到山东农药工业股份有限公司视察

第十届全国人大常委会副委员长顾秀莲视察

原化学工业部部长秦仲达视察

1998年山东农药工业股份有限公司获得中华全国总工会
颁发的"全国五一劳动奖状"

山东大成农药股份有限公司办公楼

山东大成农药股份有限公司产品甲氰菊酯

2003年山东大成农药股份有限公司被授予"中国石油化工行业质量合格·顾客满意·国家标准产品"

山东大成农药股份有限公司2008年被中华全国总工会授予"模范职工之家"称号

山东大成生物化工有限公司新貌

山东大成生物化工有限公司国庆70周年庆祝活动

青岛农药厂

1949年8月，胶东农化研究室在青岛试制氟化钠。1949年10月1日，以胶东农化研究室为基础在青岛建立胶东农药厂（张店农药厂、青岛农药厂前身），隶属胶东行政公署。1950年改属山东省实业厅，更名为山东省农药制造厂。1952年主要生产车间和厂部迁往新建的张店农药厂，青岛原厂成为其分厂，是年，青岛分厂进行了技术攻关和工艺改造，使氟化钠含量从32%左右提高到95%以上，当年生产95%氟化钠154吨。1953年，青岛分厂开展技术革新活动，生产出纯品氟化钠，并将年产量扩大到778吨。1955年，氟化钠年产量达到958吨。1956年，对氟化钠生产工艺进行了调整，年产量达到1770吨。1958年增至2389吨，为历史最高水平。

1956年，青岛分厂独立为青岛农药厂，隶属青岛市轻工业局。其间，试制成功并小批量生产滴滴涕粉剂和乳剂，并成功试制杀虫剂磷化锌，为国内首家。50年代末，农业生产受"大跃进"及自然灾害影响严重萎缩，农药生产随之滑坡，1960年农药主要品种氟化钠产量比1958年下降665%。国民经济调整时期，农药生产逐步恢复发展。

1962年，青岛农药厂并入青岛肥料厂，仍以生产农药为主，1964年独立为青岛农药厂。

60年代初期，氟化钠停止生产，青岛农药厂扩大了主要产品滴滴涕乳剂生产，并加快新产品的开发。1962年，投产25%滴滴涕乳油，年产能力1000吨，投产后很快成为当时的主要农药品种。1963年进行工艺革新，其主要成分对位二氯乙烷含量显著提高。其后，又进行了扩产改造，1964年产量达到3431吨，翌年猛增至5010吨。1967年调整产品结构，将生产设备转交青岛红旗农药厂继续生产。1970年产量达到8556吨，70年代中期至80年代初期，年产量在4500吨至6000多吨，1983年遵照国家禁令停止生产。于1968年投产50%磷胺乳剂，至1990年累计生产102万吨。1977年投产50%久效磷乳剂，至1990年共生产188万吨。

60年代中期，先后投产了五氯硝基苯和马拉硫磷。1961年，土法试制，因未达到产品标准而没有正式投产。1965年，在青岛化工研究所的帮助下试制成功，各项指标均优秀。是年，投资10万元建成年产50吨马拉硫磷生产装置，当年生产马拉硫磷（含量50%，下同）2吨，翌年增至102吨。该产品药效高、质量好，不久即畅销全国。60年代末该产品产量突破1500吨，青岛农药厂成为全国马拉硫磷生产规模最大、产品质量最好的厂家。70年代初，产量突破2500吨。其间进行了多次工艺改革，如采用高硼玻璃管道、将酯化工序优化为有苯水洗工艺、在合成工序采用"配料浆安全投料一步法"等，使马拉硫磷原油含量达到90%以上。1978年，青岛农药厂在全国马拉硫磷同行业评比中获得优胜第一名。1980年后，全国各地竞相上马，产大于求，产品亦趋老化，于1981年停止生产。该产品1965~1980年共生产253万吨。1967年，在青岛化工研究所的帮助下试制磷胺成功，翌年生产12吨，填补了国内空白。1971年产量逾百吨后，翌年增至497吨，70年代中期达到800吨以上，80年代初突破千吨大关，1982年为历史最高生产年份，达到1058吨。1985～1988年一度停产，1989年恢复生产，由于市场原因，产量降至400吨左右，1990年产量为444吨。

1966～1969年，开发了农药新品种敌敌畏。1968年前，采用敌百虫脱氯化氢法生产敌敌畏。1968年后进行生产工艺重大改革，采用亚磷酸三甲酯和三氯乙醛直接合成法（即一步法）。开始产量较低，70年代中期逐渐为市场认识，1975年生产87吨（折百），为历史最高生产年份。1990年生产23吨。

1968年，利用停建的电石车间厂房和部分旧设备，建成六六六原粉生产装置，年生产能力1800吨，当年生产494吨。1977年进行扩建，反应罐由3个增加到5个，年生产能力提高到5000吨。1980年生产5286吨，为历史最高产量。1968年，试制滴滴涕原粉9吨，1971年正式投产，当年生产23吨。1973年达到185吨，产品质量优越，对位体含量达74%以上。1974年获全国同行业产品质量评比第一名。因成本过高，亏损严重，虽经近十年的努力，仍未找到降低成本的有效途径，被迫于1980年停产。1971～1979年，共生产74%的滴滴涕原粉480吨。

1970～1973年，除老品种马拉硫磷、磷胺和敌敌畏生产迅速增长外，又相继开发出了敌百虫原粉、滴滴涕原粉和久效磷三个新农药品种。1972年，为解决青岛市化工系统氯气生产过剩问题而投产敌百虫原粉，设计能力为年产2000吨，当年生产241吨。1978年为最高生产年份，产量达到1504吨。因生产成本过高、亏损严重而于1980年停产。1972～1980年共生产7796吨。1979年试制成功并投产速效磷胺，年产能力500吨，当年生产39吨，翌年增至145吨。产品一度畅销全国，后因市场变化，1983年停止生产。1979～1982年总计生产380吨。1971年11月，与南开大学元素有机化学研究所合作，研制开发出农药新品种久效磷小试样品，属国内首创。1972年试制470千克，进行了田间试验。1973～1974年完成中试，1977年正式投产，当年生产26吨（折百），产品药效迅速、持久，使用浓度较低，在防治农林虫害方面应用广泛，很快成为农药市场上的紧俏商品。为扩大生产，1979～1984年进行了3次扩建，年产能力达到3000吨，产品有效成分从50%～60%提高到70%以上。久效磷是青岛市农药工业的骨干产品，自投产开始，产量逐年上升，80年代初逾500吨后，年产量长期稳定在700吨左右，80年代末突破1200吨，1990年产量1187吨。1983年投产助壮素水剂，至1990年共生产714吨。

1985年试制敌害畏成功并投入生产，当年生产7吨。1987年生产16吨，为最高年产量。因其属卫生用药，季节性强，用量较少，而且原料来源不足，产品成本较高，1988年停止生产。3年共生产34吨。

1994年，青岛农药厂与瑞士汽巴嘉基公司合资久效磷项目，成立青岛汽巴农化有限公司。

2001年，由青岛双收农药公司租赁，

青岛农药厂久效磷合成装置

生产经营 3 年。

2004 年 3 月破产。

青岛农药厂原厂长程友新

程友新，浙江杭州人，1942 年 10 月生，1967 年 9 月参加工作，1979 年 11 月加入中国共产党。1968 年 8 月～1978 年 4 月，青岛农药厂车间技术科项目负责人、助理工程师。1978 年 4 月～1980 年 1 月，于化工部化工司农药处工作。1980 年 1 月～1984 年 5 月，相继任青岛农药厂技术科副科长、副厂长、厂长、党委委员。后任青岛市科委主任、中共青岛市委常委、秘书长，青岛市人民政府副市长，中共青岛市委副书记。

山东华阳农药化工集团有限公司

山东华阳农药化工集团有限公司的前身宁阳县农药厂始建于 1966 年，诞生于计划经济时代。

1966 年，山东省化工厅批准宁阳县石油化工厂建年产 1 万吨的 1% 六六六粉剂生产车间。当年县手工业联社投资 6 万元，5 月施工，9 月投产。10 月，该车间从石油化工厂分出，扩建成农药厂。根据上级化工部门指示，六六六粉剂于 1983 年停产，累计产量 10 万吨。1967 年 8 月，化工部核留外汇小组投资 73 万元，在宁阳县农药厂筹建年产 2500 吨的甲基 1605 乳剂配制车间，1968 年 3 月投产，1979 年停产，累计产量 1.9 万吨。1968 年 9 月，化工部核留外汇小组投资 135 万元，在宁阳县农药厂筹建年产 1000 吨的甲基对硫磷原油生产车间。由于"文化大革命"的影响，直到 1975 年 11 月才正式投产。该产品工艺技术为"三甲胺水相合成"，是 70 年代的先进合成工艺。至 1985 年累计产量 1.47 万吨。

1975年化工部投资135万元，在宁阳县农药厂筹建年产1万吨硫酸生产线，于1977年9月建成投产，采用"文泡文"先进生产工艺。1985年停产，累计产量3.3万吨。1977年5月，山东省石油化工厅投资109万元，筹建年产1500吨氯碱（俗称烧碱）生产装置，以食盐为原料，采用"隔膜电解法"生产，1981～1985年共产4071吨。

1985年，宁阳县农药厂为全民所有制企业。1986年，100%敌鼠钠盐、克线磷产品投入生产。1988年12月，研制开发出甲胺磷产品。

1988年9月16日，宁阳县人民政府批复，同意将"山东省宁阳县农药厂"更名为"山东省宁阳农药厂"。1989年11月，宁阳农药厂被明确为副局级企业。1992年5月，明确为正局级企业。

1992年，宁阳农药厂开发出新型广谱、高效氨基甲酸酯类农药涕灭威、灭多威、仲丁威、异丙威等农药系列新品种。是年，形成有机磷、氨基甲酸酯、农药加工、化学肥料等四大系列、42个品种。1993年，广克威乳油产品投放市场。1994年，百树菊酯乳油、灭扫利乳油、甲威乳油研制开发成功。1995年，精胺、百菌清可湿粉、高效氯氰菊酯苯油等投入生产。1996年，百菊清粒剂、涕灭威颗粒剂、甲硫醇钠、17#和19#呋福种衣剂、克百威粒剂、灭多威原粉投料生产。1998年，产品品种向多元化发展，形成农用化工、基础化工、化学肥料、化工机械、印刷包装五大系列、60多个品种。

1996年10月，改制为山东华阳农药化工集团有限公司，完成了企业从计划经济向市场经济体制的根本改变。

1999年12月，成立华阳科技股份有限公司。

2001年8月，5%神农丹颗粒剂获全省质量工作最高荣誉奖——山东省政府产品质量奖。

2002年，产品形成农药、农药中间体、无机化工、化学肥料、化工机械、印刷包装六大系列，品种发展到120多个。

2002年10月31日，山东华阳科技股份有限公司[简称华阳科技（600532）]在上海证券交易所成功发行股票。是年底，拥有总资产8.17亿元，职工2493人，完成工业总产值3.79亿元、产品销售收入3.79亿元，实现利税1831万元。

2003～2006年，先后有神农宝（毒死蜱）、100吨/年苯磺隆原药、1万吨/年高纯氯乙酸、5000吨/年三氯吡啶醇钠被国家科技部认定为国家火炬计划项目。

宁阳农药厂老办公区

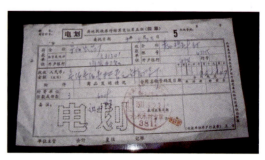

宁阳农药厂电划单

2004～2006年，戊唑醇原药、20%吡·唑锡可湿性粉剂先后被国家科技部评定为国家重点新产品项目。

2003～2007年，企业产品主要有农药化工、基础化工2大系列、6个类别、22个品种。

1997年11月14日，时任中共中央政治局委员、中共山东省委书记吴官正（前排右二）等领导参观神农化工厂

2014年9月3日，时任副省长张超超到访华阳集团

2015年9月24日，时任副省长张务峰到访华阳集团

青岛双收农药化工有限公司

（青岛第二农药厂）

　　青岛双收农药化工有限公司（原青岛第二农药厂），经历了创业壮大、改革改制、吸收合并上市、股权分置改革的发展历程。

　　青岛第二农药厂前身胶县农药厂，1958年1月始建于胶县福寿街胶县皮革厂院内，县投资1.8万元，开始土法加工生产1%六六六粉剂。1959年初由福寿街迁往大庄原麻湾窑厂的两个砖窑和两趟简易宿舍，主要生产装置有鸳鸯碾、反射炉、柴油机等，基本依靠人工操作，产量很低，年生产能力153吨。1962年国民经济调整时期，合并了石粉厂、碱厂、化工厂、硫化碱厂，生产规模扩大，并添置了雷蒙机、混合机等设备，机械化程度提高，年产能力增加到1万吨，1965年产量达到166万吨。1966年增加了25%和6%两种规格的六六六粉剂。1%六六六粉剂1974年停产，累计生产49万吨；25%六六六粉剂1968年停产，累计生产1968吨；6%六六六粉剂1983年停产，累计生产153万吨。

1960年投产6%可湿性六六六粉剂，1986年停产，累计生产1455万吨。1967年开始生产50%可湿性退菌特粉剂，至1990年累计生产4749吨。1971年投产40%可湿性福美胂粉剂，至1990年累计生产3504吨。1985年投产50%可湿性福美双粉剂，于1986年停产，累计生产23吨。

1966年开始生产5%滴滴涕粉剂和25%敌百虫粉剂。滴滴涕粉剂于1976年停产，累计生产274万吨。敌百虫粉剂至1983年停产，累计生产456万吨。1967年投产黏虫剂，1983年停产，累计生产488吨。1971年投产15%乐果粉剂，至1980年停产，累计生产303万吨。1980年开始生产水胺硫磷粉剂和甲基异柳磷粉剂，1985年停产。

1966年6月，从天津农药试验厂引进退菌特生产技术，1967年12月正式投产，是胶县农药厂生产的第一个化学农药品种，当年生产8吨（50%），1970年生产104吨，其后产量比较稳定。1979年，对生产装置进行扩建，增加了3000升搪瓷反应釜、真空泵、离心机等较大型、较先进生产设备，年产能力由100吨扩大到500吨，当年生产300吨，1980年达到500吨，由于市场原因，此后产量有所减少，1990年生产175吨。

在继续扩大老产品生产的基础上，1969年11月从天津农药试验厂引进福美胂生产技术，1970年6月正式投产，设计能力为年产500吨，投产当年生产少许，翌年生产39吨，70年代末突破百吨后，由于市场原因停产数年，1984年复产后产量增至393吨，1986年为历史最高生产年份，产量达到658吨。此后稳定在300吨左右。

60年代末，从天津农药试验厂引进福美双品种，但长期未能投产，1985年与退菌特、福美胂使用同一装置生产，当年生产8吨，翌年生产15吨后停产。

1971年3月，从上海东风农药厂引进矮壮素，当年生产含量为50%的矮壮素成品20吨，翌年增加到65吨，后产量时起时伏，最高年产量为1978年的155吨，1979年停止生产，8年共生产含量为50%的成品药剂533吨。

1973年3月，从沈阳农药厂引进倍硫磷，1976年投产，设计能力年产200吨，1978、1979年突破百吨后，产量波动下降，1987年停产。

1975年5月9日，因生产形势需要，由建厂以来的生产班组管理，成立了四个车间：农药加工车间，倍硫磷车间，矮壮素、退菌特车间，维修车间。隶属于胶县第一工业局管理。

1975年，武汉华中师范学院成功研制水胺硫磷（40%乳油），1979年5月胶县农药厂引进小试成果，并与其合作进行中试，1981年建成年产500吨生产装置并正式投产，当年生产 274 吨。1982 年进行了扩建，增添了搪瓷反应釜、循环泵、真空泵等主要设备，年产能力提高到 1000 吨，当年生产 555 吨，翌年增至 823 吨。1984 年再度对生产装置进行了以工艺改革为中心的部分改造，采用催化合成新工艺，使水胺硫磷收率提高 7%。1984 年生产 852 吨，为历史最高生产年份。此后，由于市场原因产量下降，1990 年生产 335 吨。

1981 年 4 月，从武汉华中师范学院引进 40% 甲基异柳磷乳剂小试成果，1982 年与其合作完成中试，形成 100 吨产能的中试规模。该产品经多年药效试验及大面积农田应用，证明是防治地下害虫、取代六六六的优良品种，被化工部列为重点发展的农药品种。1984 年，经国家经委、财政部批准，在中试规模基础上，建设年产 500 吨甲基异柳磷生产车间，包括新建甲基异柳磷中间体二氯化物车间和利用老厂房改建的酯化合成车间。1986 年 5 月正式投产，当年生产 290 吨，其后生产迅速扩大。1988 年，为适应农、林业发展需要，经化工部批准进行扩建，扩产目标为年产 1500 吨，1989 年 7 月正式施工。到 1990 年底，大部工程已竣工，部分前期项目陆续发挥作用。

1982 年，从山东新华制药厂引进水杨酸，1985 年，年产 375 吨水杨酸车间正式投产。

1984 年 8 月 31 日，胶县农药厂更名为青岛第二农药厂。1988 年 7 月，青岛第二农药厂组建党委，由原中共青岛第二农药厂党总支委员会改为中共青岛第二农药厂委员会。

1988 年，开始生产水胺硫磷颗粒剂和甲基异柳磷颗粒剂，至 1990 年累计产量分别为 5000 吨、208 吨。

1993 年，成功研制开发高效复配杀虫剂 30% 安灭灵乳油和 35% 安灭威乳油。

1995 年，与南开大学合作，成功开发了 21% 杂草净。

1995 年 12 月 28 日，青岛第二农药厂改制为股份制企业，更名为青岛双收农药集团股份有限公司，赵悦臻同志任董事长、总经理。

1996 年 2 月，经青岛市经委批准组建青岛双收农药集团股份有限公司。1996 年 12 月 7 日，托管胶州市化肥厂。

1997 年 5 月 7 日，双收农药权证在青岛证券交易中心正式挂牌交易，权证简称"双收农药"。

1997 年 6 月，利用权证上柜融集的 600 万元资金，上马年产 1500 吨氧化乐果工程项目，同年 11 月一次试车投产成功。

1998 年 1 月，青岛双收农药集团股份有限公司划归青岛凯联集团。

1999 年 5 月，被青岛碱业股份有限公司吸收合并上市，成立青岛碱业股份有限公司双收农药分公司。2000 年 3 月 9 日，股票在上海证券交易所上市，证券简称"青岛碱业"。

2001 年，投资 2000 万元对青岛农药厂租赁生产经营 3 年。

2006 年 9 月，青岛碱业股份有限公司股权分置改革，经过资产置换后变为青岛海湾实业有限公司的全资子公司，双收公司变更为青岛双收农药化工有限公司。

2013 年 6 月，划归为青岛海达控股有限公司的全资子公司。

山东省农药企业发展 第二部分

青岛第二农药厂厂长赵悦臻

胶县农药厂农药生产装置

（拍摄于2019年12月17日）

赵悦臻，男，1949年10月生，中共党员，本科学历，高级工程师。1983年转业，1993年起历任青岛第二农药厂党委书记、厂长，青岛双收农药集团股份有限公司党委书记、董事长、总经理，青岛碱业股份有限公司双收农药分公司总经理、青岛碱业股份有限公司副总经理。

赵悦臻同志获得"青岛市劳动模范"称号

青岛第二农药厂用户座谈会

双收农药党员大会

双收农药新闻发布会

双收农药注册商标

双收农药甲基异柳磷产品

德州农药厂

1966年4月，德州市化工实验厂建成，开始生产1%六六粉、敌敌畏、乐果、马拉硫磷、甲胺磷、杀虫双等。

1968年，更名为德州农药厂，为全民所有制企业。

1977年，马拉硫磷装置建成投产。

1980年，采用马拉硫磷原油直接滴加硝酸氧化法试制马拉氧磷获得成功，翌年试产 4.5 吨即停产。

　　1982 年，成功研制杀虫双水剂，成为主导产品，当年生产 17.5 吨。翌年正式投产后，生产能力逐步扩大，最高年产量的 1984 年曾达 685 吨。1985 年产量下降，1986 年只产 14 吨。1987 年杀虫双生产走出"低谷"，1988 年产量回升到 462 吨。杀虫双水剂荣获 1989 年山东省优质产品称号。1982 年，在南开大学元素有机化学研究所协助下，进行易卫杀中试。

　　1983 年，根据国家规定，六六六、敌敌畏、乐果停止生产。此后，又相继研制生产了福美砷、蚊蝇净、甲胺磷等农药。

　　1987 年，采用南开大学元素有机化学研究所小试技术建成氯磺隆中试装置，1988 年进行中试，并列入了国家重点科技攻关项目。

　　1988 年，投产福美胂。

　　1990 年，共生产杀虫双水剂 914 吨、福美砷 207 吨、蚊蝇净 186 吨、甲胺磷 10 吨，总产值 1450.1 万元。产品主要销往安徽、江西等省市，甲胺磷还远销东南亚、欧美各国。

　　1998 年 8 月，改制为股份制民营企业，更名为德州恒东农药化工有限公司。

　　2008 年 1 月，更名为山东田丰生物科技有限公司。

　　2011 年 3 月，山东绿霸化工有限公司全资收购山东田丰生物科技有限公司。

　　2013 年 1 月，更名为德州绿霸精细化工有限公司。

1979 年 12 月，德州农药厂首届职工代表大会留念

1988年4月,德州农药厂首届党员大会留念　　1988年4月,德州农药厂首届党总支委员留念

德州农药厂厂貌(一)　　德州农药厂厂貌(二)

德州农药厂厂貌(三)　　德州农药厂生产线

德州农药厂晋升省级先进企业评审会　　德州恒东农药化工有限公司开业典礼

德州恒东农药化工有限公司厂貌

德州绿霸精细化工有限公司厂貌

山东埃森化学有限公司
（临沂农药厂）

1965年底，临沂农药厂在傅庄村西建立，当时只生产六六六农药粉剂，生产工艺比较落后，年产2000吨。1970年，在涑河公社红埠寺村东建设的苏化203原料药车间投产，设计年产2000吨，当年生产含量40%的苏化203乳剂140余吨，其成为防治水稻虫害的主要农药品种。停止了在傅庄的粉剂加工车间，全部搬至新址。是年，工程技术人员因陋就简，以废旧设备改装成生产装置，靠手工操作控制温度，生产出了"九二〇"植物生长调节剂。经省鉴定，产品达到质量要求，但未形成批量生产能力。

1970年投产苏化203，因是一种剧毒农药，省内只限于该厂一家生产，是年生产原药29吨，最高年产的1978年为208吨。1979～1986年生产中断。1987～1988年恢复生产，两年产量分别为67吨和33吨。

1974年，新上年产300吨的甲基对硫磷装置，当年生产原药20吨。

1975年，建成全密封六六六农药粉剂加工车间，设计年产能力1.2万吨，加工农药的细度和车间防尘除尘水平，当时在全国数一流。

1979年4月，由化工部、全国供销合作总社主持召开的全国农药生产现场会在临沂农药厂召开。农业部、中国农科院、中国农业大学及全国化工、供销系统的69个单位、71个重点化工企业的代表参加了会议。会议对临沂农药厂的生产及防尘防毒新工艺进行了技术鉴定，给予了很高评价，并决定在全国推广应用。

1980年，建成辛硫磷生产装置，当年生产80吨。后经两次扩建，生产能力扩至1500吨，1984年产量达到741吨；所产"沂蒙"牌80%辛硫磷乳油被评为山东省优质产品。1986年后，省内只有临沂农药厂一家生产，1988年产量为367吨。同时还建成1000吨的颗粒农药加工车间，1987年扩大到5000吨。辛硫磷农药1984年和1989年两次获得省优质产品称号。临沂农药厂是全国唯一出口辛硫磷的企业，年出口量50吨左右，主要销往泰国、阿根廷等。增效辛硫磷，1984年获得"山东省科技进步三等奖"。

1983年试制成功的辛硫磷微胶囊悬浮剂，系国内首创的一种高效缓释剂，施用残留期长达70天，年产40～50吨。

1987年，生产的原料药主要有辛硫磷和苏化203，辛硫磷为1500吨，苏化203为500吨。这些原料药可配制生产80%的辛硫磷原油、40%的辛硫磷乳油及40%的苏化203乳剂。农药加工能力为1万吨，主要是购进原料药进行加工，产品有甲基对硫磷、乙基对硫磷、乐果、克百威、多菌灵等。

1993年，山东临沂农药厂在全国农药企业经济效益的评比中，排名第一。

1998年，与山东胜利股份有限公司合资并更名为山东胜邦鲁南农药有限公司，系国家定点农药化工生产骨干单位。

2011年成为横店控股集团旗下全资企业，2014年更名为山东埃森化学有限公司，从国有企业变成股份制企业，最终成为民营企业。

现拥有固定资产逾4亿元，职工400余人，在保留原有低毒环保的辛硫磷原药、中间体及制剂的基础上，重点发展年产1.3万吨氟氯代吡啶一体化项目，发展产业链，拥有氯虫苯甲酰胺、啶氧菌酯、氮肥硝化抑制剂、二氯吡啶酸等原药中间体。

临沂农药厂宣传牌

临沂农药厂厂貌（一）

临沂农药厂厂貌（二）

山东胜邦鲁南农药有限公司厂貌

山东胜邦鲁南农药有限公司宣传

山东临沂农药厂工作证

山东埃森化学有限公司厂貌（一）

山东埃森化学有限公司厂貌（二）

山东埃森化学有限公司厂貌（三）

淄博市周村穗丰农药化工有限公司

（周村农药厂）

　　周村农药厂，位于周村东郊济青公路南侧，是山东省定点农药企业之一，也是山东省首批颁领农药准产证的企业之一。前身是 1959 年中国人民解放军空军〇〇三部队建立的五七农药厂。1970 年 10 月停办，由博山农药厂接收。1972 年 2 月，转给周村织毯厂。11 月，周村农药厂从周村织毯厂划出重建。

　　初期，主要是对粉剂农药的加工，产品有 2% 六六六粉、6% 可湿性六六六粉、20% 三氯杀螨砜、5% 滴滴涕、1.5% 乐果剂等 16 个品种，年产量 1.4 万吨。1976 年，与山东农学院（现山东农业大学）协作，以煤矸石为载体，采用吸附法成功试制辛硫磷颗粒剂。1982 年由山东省化工厅组织科研单位鉴定为"国内首创、填补国家空白"，并获国家级和省级科技奖。继之，又推出二溴氯丙烷颗粒剂、甲基硫环磷颗粒剂、乙基硫环磷颗粒剂等 7 个品种。

　　1985 年有职工 218 人，固定资产 117 万元，拥有较先进的颗粒剂生产线、真空混合装置等设备,主要产品有两大类、23个品种,年产量1.42万吨,年工业总产值403.9万元,利润40万元。

1992年,周村农药厂与山东农业大学签订了联合办厂的协议,用20万元买下了山东农业大学"棉铃宝"农药生产权,并把该厂更名为山东农业大学周村农药实验厂。1992年下半年生产棉铃宝600吨,利税125万元;从1992年8月到1995年11月,周村农药厂累计生产棉铃宝11000多吨,利税超过1800万元。1993年1月,省政府决定在棉区推广使用棉铃宝,省政府拨付资金1000万元用于周村农药厂扩大生产规模。棉铃宝产量累计逾万吨,产品覆盖14个省、区,使用面积2亿亩次。50%棉铃宝乳油荣获国家专利,1994年获市科技进步一等奖、省科技进步二等奖、国家级重点新产品,并获得"首届亿万农村消费者信得过产品金奖"。此外,又研制出一种不含菊酯类农药的复合制剂35%甲硫棉铃宝2号乳油,具有触杀和胃毒作用,杀虫谱广,初效高,有效期长,不易产生抗药性,投放市场后,产生了良好的经济效益。

1993年,引进先进技术和资金,改制为中外合资的淄博丰叶农药有限公司,为企业的长远发展和进一步拓宽市场奠定了坚实的基础。

1995年有职工507人,拥有固定资产净值1564万元,厂区占地面积36300平方米,建筑总面积3700平方米,有4条农药加工生产线,可生产粉剂、颗粒剂、乳剂、胶悬剂四个系列、18种剂型的产品,年综合生产能力2万吨。1995年产值9378万元,销售收入8774万元,利税468万元。主要产品有:50%棉铃宝乳油、35%甲硫棉铃宝2号乳油、溴乙烷、20%多菌灵、30%辛硫磷颗粒剂等。企业坚持"以科研为基础,以新产品开发为龙头,以技术改造为手段"的经营策略,向内抓管理,向外抓市场,陆续完成6项技术改造项目,陆续开发适销对路的新产品10多种。

1996年,淄博丰叶农药有限公司的500吨/年草除净项目被列为国家经贸委"双加"导向项目。

2002年,企业改制为周村穗丰农药化工有限公司,公司有6个生产车间,4条剂型加工生产线,年综合生产能力20000吨。公司在防治线虫领域走在国内前列,是全国最大的灭线磷原药生产基地,辛硫磷、噻唑膦、阿维菌素等也是广大农民朋友最喜爱的产品。

1996年化学工业部颁发给周村农药厂的奖状

周村农药厂拳头产品"棉铃宝"

"棉铃宝"获奖证书

"棉铃宝"销售过万吨祝捷大会

"棉铃宝"产品鉴定会

时任淄博市副市长曹钟书到厂参加"棉铃宝"三年生产销售过万吨庆典

淄博丰叶化工有限公司开业典礼留念

专家考察山东农业大学周村农药实验厂

外商考察周村农药厂

周村农药厂办公楼一角

领导参观

周村农药厂花车巡游

淄博丰叶农药有限公司办公楼

济宁圣城化工实验有限责任公司

(济宁化工实验厂)

1958年5月，经山东省重工业厅批准，筹建济宁市农药厂。次年5月，六六六粉剂投产，最高日产量30余吨。1966年初，张店农药厂的磷化铝和磷化锌两个产品转交济宁农药厂二车间生产，分别于同年5月和7月投入生产。是年底，两产品从农药厂分离出去，另立新厂，定名济宁化工实验厂。济宁化工实验厂是国家二级企业，国家中（一）型企业，是国家发改委重点定点农药原药生产骨干企业，中央粮食储备局认可和最早合作的粮食熏蒸剂生产厂家。

磷化铝1966年产量为27吨。由于该药渗透性强，对粮食中各种害虫的成虫、幼虫、蛹、卵几乎都有熏杀作用，故一直正常生产。1967年，开始生产含原药56%的磷化铝片剂。"保粮"牌磷化铝分别于1980年和1981年被评为山东省和化工部优质产品；1982年和1987年获国家银质奖。磷化锌年产量一般在270吨左右。1980年后，产量有所下降，1988年产量恢复到222吨。

1978年，济宁化学、医药行业加强管理，推行各种形式的经济责任制，并进行技术改造和新产品开发。济宁化工实验厂通过调整产品结构，保留了生产的磷化锌、磷化铝两个产品。

1983年，与济宁市化工研究所、南开大学元素有机化学研究所协作，开始试制涕灭威，翌年完成中试并通过技术鉴定。

1984年，为解决农药磷化锌、磷化铝生产原料供应紧张的矛盾，开始利用黄磷生产赤磷，当年形成年产200吨规模。1990年产量283吨。

1986年，在青岛海洋大学小试基础上，开始建设年产100吨灭多威生产装置。

济宁化工实验厂厂貌（一）

济宁化工实验厂厂貌（二）

济宁化工实验厂厂貌（三）

2018年2月5日,山东省副省长于杰到访济宁圣城化工实验有限责任公司

1989年9月2日,改制为济宁圣城化工实验有限责任公司。

2006年,济宁圣城化工实验有限责任公司投资100万元,完成了丙溴磷"三废"治理项目,经环保部门验收合格,产品恢复了生产。

济宁圣城化工实验有限责任公司目前已由原来的单一品种的农药生产企业,发展成为集杀虫剂、化工、医药、润滑油等品种多样化,产品系列化的综合性农药化工生产基地。为响应国家及市委市政府的号召和公司的可持续发展,2018年底入驻嘉祥化工园区。

济宁圣城化工实验有限责任公司获奖证书

济宁化工实验厂获奖证书

济宁农药厂食堂汤票

济宁化工实验厂产品"灭多威"

济宁化工实验厂产品"灭多威"广告页

济宁农药厂食堂细粮票

济宁化工实验厂"磷化铝"产品标签

山东东都农药厂

济南军区后勤部五七农药厂 1966 年 8 月在山东省新泰市东都开工建设。在张店农药厂协助下,于 1969 年建成敌百虫、敌敌畏生产装置。1970 年 1 月 18 日,济南军区司令员杨得志主持了开工剪彩仪式,当年生产敌敌畏 653 吨,基本达到了设计能力。济南军区的这个项目是全军的首创,"备战 备荒 为人民。"平时生产农药,战时生产药品。1970 年开始,这里就已经成为中国首批研制开发和生产单晶硅、多晶硅的重要基地。

从 1975 年起,五七农药厂也开始逐步地走向了从军队管理移交地方管理的转变。1976 年 1 月,济南军区五七农药厂移交泰安地区化学工业局,更名为"东都农药厂"。

1982 年,建成甲基硫环磷装置并投产。

1999 年 1 月,移交新泰市,隶属新泰市化工局管辖。

1999 年 7 月,改制为"新泰市东都氯碱厂"(原企业"东都农药厂"厂名继续保留)。2000 年烧碱生产能力 40 吨,因企业改制不彻底,产量 20.387 吨,开工率仅为 50.97%,经营困难,于 2001 年 6 月被迫停产。

2003 年 8 月 29 日,东都氯碱厂被新泰工商行政管理局吊销了《企业法人营业执照》,"东都农药厂"继续保留,并按照规定进行企业年检。

2011 年破产。

主要产品有:烧碱、液氯、盐酸、氢气、敌敌畏、一氯甲烷、环氧丙烷、碳酸丙烯酯、氯化苄、氯化钙、漂白粉、红宝石,另有有机磷杀虫剂、菊酯类杀虫剂、杀螨剂、除草剂。年生产能力:敌敌畏乳油 1700 吨、环氧丙烷 2500 吨、一氯甲烷 1000 吨、碳酸丙烯酯 1500 吨、氯化苄 5000 吨、烧碱 6000 吨、液氯 30000 吨、氢气 1000 吨、盐酸 10000 吨、固碱 1500 吨、氯化钙 1500 吨、红宝石 6 吨。

东都农药厂牌匾

东都农药厂大门

东都农药厂大礼堂

| 东都农药厂服务社 | 东都农药厂卫生所 |

| 东都农药厂产品使用说明书（一） | 东都农药厂产品使用说明书（二） | 东都农药厂产品合格证 |

菏泽农药厂

1967年，菏泽县在侯店水力发电站原址筹建菏泽农药厂，是菏泽市第一家农药生产企业。

1968年10月，迁至双河集大桥北侧，占地面积7000平方米。

1970年正式生产，主要产品有1%六六六、6%可湿性六六六、黏虫散、2.5%敌百虫、2%乐果粉、双敌粉等10余种。

1970～1982年共生产农药60445.6吨。后因企业亏损，1983年改为生产多元复合肥。1983～1984年共生产复合肥3298吨。

1985年，农药厂固定资产150.7万元，职工117人，流动资金81.5万元，实现年产值10.05万元，利润2.5万元。

2007年年底改制，2008年1月1日正式运营农药制剂事业部，产品正式投入市场运作，年生产能力3000多吨。2008年销售额1500多万元，2009年销售额3100多万元。

山东菏泽农药厂革命委员会信封

高密县农药厂

50年代，高密县供销社系统用简易办法配制土农药销售。1974年11月，高密县农药厂建成投产，为全民所有制企业，生产25%亚胺硫磷乳油。后因产品滞销于1979年停产。1976年1月，改产50%亚胺硫磷。

1977年2月，试制甲胺磷成功。1979年专产甲胺磷，年产50%甲胺磷376.15吨，产值284.39万元，实现利润34.02万元。经1981～1982年两次扩建，将甲胺磷年产能力提高到500吨，最高年产量的1983年达到827吨。后因进口农药冲击市场于1985年停产。

1980年，研制速灭磷成功，未批量投产。

1981年，用甲胺磷的中间体胺化物，与醋酸和三氧化磷生成酰化物，然后与硫化铵、硫黄粉反应，再滴加硫酸二甲酯成功试制出乙酰甲胺磷。但只在当年试产2.4吨，因未打开销路随即停产。

1981年，高密县化工厂并入高密县农药厂。

1983年，改进甲胺磷工艺，提高生产能力，年产827.028吨。"康丰"牌甲胺磷，内吸性强，持效期长，具有高效低残留等特点，适用于棉花、水稻、玉米、花生等农作物的害虫防治。销售于本省和湖南等省，曾销往香港。1984年获化工部优质产品证书。

山东高密化工厂宣传资料

山东高密农药化工总厂宣传报道

1985年1月,与河南省开封市油漆厂联营,转产油漆、HEDP水质稳定剂和去油净等。1985年,高密县农药厂生产醇酸树脂调合漆46.7吨,产值21.57万元。

1985年,建成多菌灵生产装置。

根据农业防治螨害需要,1986年3月完成三氯杀螨砜提纯设备的安装并启动生产。当年就生产三氯杀螨砜原药18吨,实现了50多万元的经济效益。为使这个项目长久发挥效益,从武汉引进了三氯杀螨砜合成技术,建成了年产100吨原药的生产线。该项目的建成,使农药厂扭转了被动局面,为走出低谷积累了宝贵的经验,也为企业的长期发展打下了基础。

1987年11月,利用生产甲胺磷设备改建300吨久效磷原油生产线,当年生产久效磷30多吨,加上三氯杀螨砜旺销势头不减,农药厂结束了三年无利润的历史,于1987年扭亏为盈。在以后的几年里,久效磷一直是高密县农药厂的当家品种,极大地促进了企业的发展。

1994年6月3日,山东省高密县农药厂名称变更为山东省高密市农药厂。

山东高密农药厂企业标准

1995年8月,由山东省化工厅提议,高密市委、市政府决定把化工厂同当时效益不佳的农药厂合并,组建高密市农药化工总厂。1995年,敌敌畏生产规模扩大到年产5000吨,成为山东省敌敌畏生产第二大户。1996年销售敌敌畏近3000吨,仅此便实现销售收入5000多万元,实现利润800余万元。经过改造以后,高密市农药化工总厂的综合生产能力达到了3.5万吨,仅农药生产能力便达1.5万吨,年生产总值、销售收入达亿元左右,跃居全省同行业前5位,居全国同行业50位左右,成为名副其实的综合性农化生产企业。

2000年8月28日,高密市农药化工总厂改制为山东高密康丰农化有限公司。主要产品有:三氯杀螨砜(95%原药、10%乳油),乙酰甲胺磷(97%、95%原药,75%可溶性粉剂,40%乳油),蚜灭多(75%、70%原油,40%乳油),喹禾灵(90%、95%原药,10%乳油),以及各种规格的久效磷、甲胺磷、甲基对硫磷、敌敌畏等产品。

山东高密农药厂原厂长李丛善

李丛善厂长近照(拍摄于2019年12月16日)

2003年9月，山东高密康丰农化有限公司整体加盟孚日集团股份有限公司，成为该集团的三大骨干公司之一。削减国家禁控的高毒有机磷品种，利用自备热电厂和自来水厂的条件，新增30万吨离子膜烧碱生产装置和2万吨敌敌畏项目。同时以氯碱为基础，积极开发下游产品。

2005年2月23日，山东高密康丰农化有限公司更名为高密市绿洲化工有限公司，经2005年12月9日孚日公司第二届董事会第六次会议同意，公司出资355万元购买绿洲化工原股东全部出资，同时对绿洲化工增资2095万元，用于购置新设备并扩大其生产规模。公司于2005年12月31日将其纳入合并报表范围。

2011年1月，高密建滔化工有限公司收购绿洲化工有限公司全部生产经营性资产，进入氯碱行业，农药系列产品现已停产。

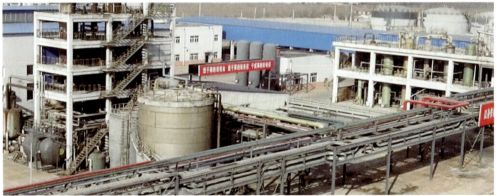

高密建滔化工有限公司厂貌

烟台沐丹阳药业有限公司

(山东省海阳农药厂)

1968 年,海阳县滑石矿粉剂加工车间,始产粉剂农药。山东省海阳县农药厂始建于 1971 年 11 月,由原海阳县滑石矿分离重组而成(一分为三,分别为海阳县滑石矿、海阳县农药厂、海阳县水泥厂),1972 年 2 月正式投产,由山东化工厅投资 80 万元,主要从事农药粉剂加工,如六六六粉、乙六粉(对硫磷+六六六)、敌百虫粉、1605 粉剂、多菌灵粉剂、乐果粉等。

1974 年后,农药种类逐年增加,依次上马乐果、氧乐果、三唑酮、草甘膦原药及制剂项目。1974 年投产亚胺硫磷,后因产品滞销 1980 年停产。1977 年,建成的乐果合成装置投入生产。1982 年,始建除草剂中试车间,年产能力 300 吨。

1979 年在南开大学元素有机化学研究所协助下开始进行胺草磷中试。1984 年生产 3 吨。翌年增加到 10 吨。后因销路未打开,生产中断。

1984 年,采用四川省化工研究所技术建成粉锈宁生产装置,于 1985 年投产,当年生产 6 吨,1988 年产量提高到 49 吨。

1985 年,有职工 383 人,厂区面积 9.2 万平方米,建筑面积 3.2 万平方米。设备 461 台,其中主要设备 53 台,设备完好率 98.27%。固定资产原值 598 万元。年产化学农药 349 吨,产值 706 万元,利润 16.5 万元。

1987 年,采用沈阳化工研究院技术建设年产 100 吨(实物)草甘膦装置。

1988 年乐果产量为 128 吨。是年,与香港化鲁有限公司联营,易地新建乐果生产装置。

1989 年 5 月,企业实行承包制,由海阳县农药厂更名为山东省海阳农药厂;同期进行企业扩建,在海阳市凤城镇建立分厂——山东省中化山东进出口集团海阳精细化工厂。

1995 年 2 月,实行股份制改革,成立海阳市海丰精细化工有限公司。

1996 年 6 月,组建成立烟台海光化工药业有限公司。

省级先进企业牌匾

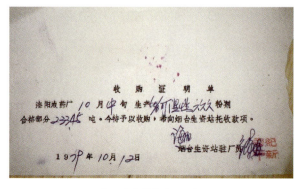

海阳生资站收购证明单

2002 年为盘活国有资产，经海阳市政府批准，由海阳市经信委（经济和信息化委员会）牵头，引进莱阳市星火农药有限公司，拍卖买断山东省海阳农药厂资产，优先安置原海阳农药厂职工。2005 年莱阳市星火农药有限公司整体从莱阳搬迁至海阳，组建成立了烟台沐丹阳药业有限公司。

山东省长清农药厂有限公司
（山东长清农药厂）

长清农药厂前身是 1971 年建成的长清县化工厂，位于县城东南苏庄山口 003 省道公路东侧。1973 年，生产癸二酸的长清化工厂转产农药杀螟松，山东省化工厅投资 373 万元建成年产 500 吨杀螟松生产车间。1974 年，长清化工厂改名长清农药厂，占地 70683 平方米，建筑面积 10618 平方米。

1975 年 8 月，杀螟松生产车间建成投产，年底生产杀螟松 373.7 吨。至 1980 年亏损 150 万元，被迫停产下马。

1988 年后，与中国农科院土肥所合作开发研制了生物钾肥，与山东化工研究院联合研制开发了 SL-1 型屋面防水材料，1991 年，该厂生产的海鸥墨水被评为济南市优质产品。

1999 年，企业重组成立股份制公司，是国家农药原药、制剂定点生产企业。80 年代初，企业瞄准生物农药和生物肥料这个高新技术领域，并将产品先后投放市场，在生化制剂行业有一定地位。在化学农药方面公司先后推出了除草剂、杀虫剂、杀螨剂、杀菌剂四大系列六十多个品牌的产品。"山青"牌农药产品已成为知名品牌。

职工王善广（1980 年）

1988年，李荣祥厂长和山东省科学院领导签署合作协议

1989年，孙焕君副厂长和车间主任刘敦山操作发酵设备

空气净化设备（1988年）

副厂长孙焕君（1988年）

企管科长颜承山和车间主任刘敦山（1989年）

1991年春节前夕，车间主任陈兆合带领职工排练节目

1991年春节前职工排练节目

长清农药厂有限公司大门　　　　长清农药厂有限公司企业标准

乐陵农药厂

为了提高农业生产水平，1967年7月，乐陵县革委决定筹建化工实验厂，向省申请资金50万元、钢材45吨，在原县机械厂筹建糠醛车间，改建车间生产乙基1605（含量50%），设计能力年产500吨。1968年12月投产，当时职工120人，生产设备34台（套）。

1969年5月，改称为山东省乐陵农药厂。

1969年，对硫磷首先投产。1988年，对硫磷产量为137吨。

1970年农药产量247吨，1972年农药产量443吨，1976年农药产量662吨。1978年获化工部防尘防毒先进单位，农药产量837吨。1980年农药产量1108吨，1982年农药产量612吨。

1982年，在中国科学院动物研究所协助下，试制成功了增效磷。翌年，建成装置投产，当年生产105吨。1983年通过鉴定，获山东省科技二等奖。1985年增效磷产量171吨。1987年被评为山东省优质产品。1988年产量为186吨，创历史年产最高水平。

1984年农药产量361吨，1985年农药产量447吨。1985年设有农药、包装、"三废"处理、机修、安装5个车间，有主要专业生产设备61台（套），全员劳动生产率达22141元/人，创利税47万元。

2003年6月17日，山东华阳和乐农药有限公司揭牌成立，是国家定点的农药精细化工生产基地。

2010年，变更为乐陵芳纶化工有限公司，现已进入破产程序。

主要经营对硫磷、螨死净、辛硫磷、农得乐、增效磷、增效复配菊酯、桃虫净、克螨、霉霜疫克、霜锈净、甲基对硫磷、增效氰戊菊酯、增效水胺硫磷、增效溴氰菊酯、增效甲氰菊酯、增效百树得、螯合微肥。

乐陵农药厂旧貌

原乐陵农药厂办公楼楼内现状（拍摄于2019年12月4日）

乐陵农药厂包装车间生产线

华阳和乐农药有限公司时期的职工班车

原乐陵农药厂生产车间地块已改建职工宿舍及商业住宅小区

乐陵芳纶化工有限公司位于铁营镇的生产区

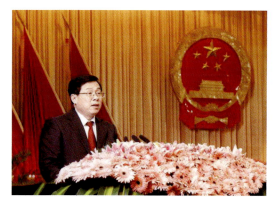

乐陵农药厂原厂长李胜玉

李胜玉，男，汉族，1953年6月生，乐陵市人，1975年8月参加工作，1984年6月加入中国共产党。莱芜市人大常委会副主任，山东省第十一届人民代表大会财政经济委员会副主任委员。

1978.08—1984.05　乐陵农药厂技术员、科长、副厂长；1984.05—1990.05　乐陵农药厂厂长、书记；1990.05—1991.03　乐陵市委副书记，市农药厂厂长、书记；1991.03—1992.10　乐陵市委副书记，市农药厂党委书记。

龙口市化工厂

龙口市化工厂创建于 1983 年，原名黄县化工厂，是原国家工信部定点生产农药企业。经营范围：磷化铝、硫酰氟生产销售及熏蒸使用技术服务，主导产品为磷化铝、硫酰氟。企业创建时，隶属于龙口市兰高镇镇办集体企业，建厂时只有 5 名员工，镇政府投资 5000 元。于 1998 年实行了企业改制，改为个人独资企业。创始人山广利带领员工进行技术改造和创新，从 5 名员工发展到现在的 133 名员工，占地 17.7 亩，资产 2 亿 6000 万元；有设备 700 台（套），厂房从原来的 11 间房屋发展到现在的 23000 平方米。2017 年末实现销售收入 1.02 亿元，出口创汇 1300 万美元。

黄县人民公社企业管理局同意建厂批复文件

龙口市化工厂厂貌（一）

龙口市化工厂厂貌（二）

龙口市化工厂老厂长山广利

龙口市化工厂注册商标"储粮"

龙口市化工厂产品"磷化铝"

山东京蓬生物药业股份有限公司

1980年从乡镇企业东方实业有限公司转轨到1989年6月创建烟台市京蓬农药厂，企业实现了质的飞跃。

1992年，低毒高效农药新产品"桃小灵"替代高毒高残留农药对硫磷，填补了国内空白，获得了国家专利。1994年11月，公司开工新建扑虱蚜原药车间，是全国第一家生产吡虫啉的企业。

山东京蓬生物药业股份有限公司大门

山东京蓬生物药业股份有限公司厂貌

1997年5月4日，时任山东省省长李春亭在烟台市委书记尹海深的陪同下参观视察了京蓬生物药业股份有限公司，并亲笔题写了"争创一流"的题词，鼓励企业不断发展，再创辉煌

山东胜邦绿野化学有限公司

山东胜邦绿野化学有限公司成立于1991年，注册资本2.4亿元，主要从事除草剂、杀虫剂、杀菌剂的科研、生产、经营与服务。

1991年12月，由山东绿野集团和香港维斌有限公司合资成立山东绿野化学有限公司，注册资金1200万元，生产单一杀菌剂产品"菌毒清"。

1997年，山东胜利股份有限公司出资1300万元，对公司进行控股，更名为山东胜邦绿野化学有限公司，注册资金2500万元。

2001年，公司与胜利油田东方实业集团公司合资成立东营胜利绿野农药化工有限公司，建立济南、东营两大生产基地，形成规模生产优势。

2005年，公司顺利迁址济南市章丘化工产业园，注册资本增加至6000万元，同年万吨草甘膦项目顺利建成投产。

2010年，公司注册资本增加至2.4亿元，万吨水剂项目顺利竣工。

2017年，胜利绿野实施股权变更，江西大刚集团有限公司成为公司第一大股东。

2017年，全资子公司"山东云公社农业科技有限公司"登记注册。

1992～2005年期间公司位于济南市济洛路北段办公楼

1997年，山东胜利股份有限公司出资控股，公司更名为"山东胜邦绿野化学有限公司"

2001年，公司与胜利油田东方实业集团公司合资成立"东营胜利绿野农药化工有限公司"签约现场

山东胜邦绿野化学有限公司位于济南章丘化工产业园区的厂区

2009年胜邦绿野化学有限公司在缅甸注册全资子公司，实现产品自主出口

2018年公司新员工培训

2018年1月，公司二维码追溯系统投入使用

2019年"全国放心农资下乡进村宣传周现场咨询活动"，积极参加活动并捐赠放心农药

1997年首届"胜邦绿野奖学金"颁发现场

2019年山东农业大学第23届"胜邦绿野奖学金"颁发现场

2018年10月,山东胜邦绿野化学有限公司赴济南章丘区黄河乡娇恩小学援助爱心基金,资助8名失亲家庭贫困生的学习和生活

2018年，山东胜邦绿野化学有限公司向寿光市稻田镇殷家村捐资10万元，帮助灾后蔬菜种植户快速恢复生产

山东胜邦绿野化学有限公司国庆70周年宣传

侨昌现代农业有限公司

侨昌现代农业有限公司，是首都产业建设集团旗下核心企业。集团下设侨昌现代农业有限公司、山东侨昌化学有限公司、山东亿尔化学有限公司、山东侨昌现代农业进出口有限公司、山西侨昌农业科技有限公司、侨昌生物科技（上海）有限公司、侨昌化学（上海）有限公司、QIAOCHANG GHANA LIMITED（加纳）、QIAOCHANG MODERN AGRO COMPAN LTD（尼日利亚）等11家全资子公司，上海中科侨昌作物保护科技有限公司、侨昌黄海科学技术研究院、侨昌化学（上海）研发中心三家科研机构，业务覆盖化工中间体、农药、肥料、种子等研发、生产、销售领域。

1993年5月，滨州宏昌实业公司（滨州地区农业局下属企业）与香港中侨科技有限公司合作组建了滨州侨昌有限公司，第一个产品杀虫剂"农友一号"研制成功并投产上市。1998年完成从合资企业向民营企业的体制转换。2019年5月，滨城区人民法院裁定确认山东侨昌化学有限公司重整计划执行完毕。

山东省农药企业发展 第二部分

1993年5月29日中外合资成立滨州侨昌有限公司,租赁里则镇第二油棉厂厂房作生产车间

1995年秋,为扩大生产规模,生产车间搬迁至地区农业局养鸡场

1998年10月,由农业局经济实体向民营经济改制

1999年2月5日,著名农民艺术家赵本山来滨州举办"侨昌之夜"大型文娱晚会,接受邀请任侨昌公司名誉董事长并题词

侨昌车间

侨昌分装智能线

侨昌现代农业有限公司庆祝国庆70周年——"我和国旗合个影"活动

京博农化科技有限公司

公司于2011年正式成立，位于山东省滨州市博兴县化工园区，注册资本1.2亿元，主要从事高效低毒低残留、环境友好型农药原药、制剂及中间体的研发、生产和销售，同时兼营植物营养剂、农药软包装业务，致力于成为行业领先的种植业全程解决方案提供商。

公司以发展农业绿色科技、协同客户创造价值为责任，依托丰富的产品线与优质的服务，在业内树立了良好的品牌形象。

2018年实现销售收入12亿元，利税1.6亿元，主要产品为广谱性高效杀虫剂茚虫威；三斜晶系烟嘧磺隆、杀菌剂醚菌酯为国内领先水平。

公司科研创新平台先后被认定为山东省无公害新农药研究推广中心、省级企业技术中心、山东省无公害新农药工程技术研究中心、国家级企业技术中心。

山东省农药企业发展 第二部分

山东先达农化股份有限公司

2000年，山东省博兴县科农化工有限公司创立，生产第一个原药咪草烟。2002年9月20日，更名为山东先达化工有限公司。2017年5月，上海证券交易所主板上市（名称：先达股份，代码603086）。

2018年销售收入16亿元，利税2.5亿元，连续被评为"山东省农药十强生产企业"、"中国农药百强企业"、"中国农药出口30强企业"，是具有自营进出口权的外向型、科技型企业。

山东省农药企业发展

主营业务是高效绿色除草剂的创制研发、生产和销售。主导产品咪唑啉酮类除草剂、环己烯二酮类除草剂、异噁草松除草剂产量和质量均处于世界优势地位,杀菌剂烯酰吗啉原药产量国内领先。

生产基地设于山东博兴经济开发区、山东潍坊滨海工业园、辽宁葫芦岛北港工业区

山东科赛基农控股有限公司

科赛基农自2003年底创业之初发展至今,已成为涉及除草、杀虫、杀菌和作物营养等领域的集团化企业。目前公司拥有山东科赛基农生物科技有限公司、山东德浩化学有限公司、山东科赛怡锐化工有限公司、济南德浩化学有限公司四家国内全资子公司,以及科赛怡锐喀麦隆有限公司等七家海外全资子公司和山东丰信农业服务连锁有限公司一家参股公司。科赛基农是"中国农药行业销售百强""山东十强农药生产企业"、山东省高新技术企业、中国农药工业协会常务理事单位以及"全国植保科技下乡十佳企业"。

2003年科赛基农成立纪念

科赛基农总部办公区域

科赛基农"安全科学使用农药,建设美丽乡村大讲堂"

科赛基农10周年庆

2018年,寿光赈灾献真情

销售团队誓师大会

山东邹平农药有限公司

1989年3月,山东省邹平县农药厂成立。

1993年4月2日,邹平县农药厂改组为山东邹平农药股份有限公司。

1998年9月29日,经邹平县企业改制领导小组批准成立山东邹平农药有限公司。

2003年9月12日,邹平县人民政府批准山东邹平农药有限公司改制重组。

主导产品有水分散粒剂、悬浮剂、悬浮种衣剂、微囊悬浮剂、水乳剂、微乳剂、乳油、可湿性粉剂、颗粒剂等12个剂型。

山东邹平农药有限公司厂区航拍图(2016年秋)

花园式企业

2019年8月14日，公司董事长石岩代表党政工会为邹平市重灾区长山镇送去了棉被、矿泉水、方便面、消毒液等救灾物资

山东中石药业有限公司

1991年10月，山东阳谷化工厂成立，从事农药制剂生产、销售。

1993年6月，成立了聊城地区农药研究所，从事新产品的研制工作。

1994年，山东阳谷化工厂更名山东中石化工有限公司，获"省星火叁等奖"。

1995年12月，40%氯乙莠悬浮剂通过了山东省化学工业厅科技成果鉴定，填补了省内无玉米田专用除草剂的空白。

2001年12月，公司更名为山东阳谷中石药业有限公司。

2008年，更名为山东中石药业有限公司。

2011年，公司整体迁入鲁西化工产业园——莘县古云化工产业园。

2014年，93%乙草胺原药荣获"山东省农药四培育十大农药名牌产品"，"中石"牌50%乙草胺乳油荣获中国农药协会颁布的"2014年中国植保市场除草剂销售十强"。

莘县古云新厂区

莘县古云新厂区车间

招远三联化工厂有限公司

招远三联化工厂有限公司（原招远三联化工厂）坐落于风景秀丽的中国金都——招远市大户工业园，隶属于招远三联化工有限公司。企业始建于1985年6月，企业占地面积28380平方米，建筑面积8000平方米。

招远三联化工厂有限公司全景

2005年6月8日，举行招远三联化工创立二十周年庆典暨三联远东化学有限公司开业典礼

SK、SBC公司来厂参观矿物油包装车间

对班组长以上人员开展为期2天3夜的"魔鬼训练营"

潍坊海邦化工有限公司

山东力邦化工有限公司属国家定点农药原药生产企业，是菏泽市重点纳税企业，是菏泽市60强企业之一，产品远销南美、中东等地，并在多个国家获得农药登记。

主要产品硫双威原药及系列制剂，质量和产量均居世界前列。

2007年迁往潍坊化工园区，更名为潍坊海邦化工有限公司。

山东科源化工有限公司

山东科源化工有限公司位于美丽富饶的胶东半岛西北部、莱州湾南岸，坐落在莱州市的银海工业园内。该园区为烟台市统一规划的化工园区，西邻潍坊，南接青岛，交通便利，盐、溴素资源得天独厚。公司成立于2007年，立足于本地及周边丰富的溴素资源，生产溴系列农药中间体及溴化物，发展迅速。现已成为行业内知名的中型民营股份制化工企业。

"七星"牌丙溴磷原药及制剂系列产量及质量居世界第一位。

青岛瀚生生物科技股份有限公司

青岛瀚生生物科技股份有限公司是2002年经青岛市人民政府批准设立的，主要从事生物农药研制开发、原药生产合成、制剂加工复配、推广销售、技术服务的股份制公司。公司是国家级高新技术企业、青岛市生物技术骨干企业、"青岛市百强科技型民营企业""国家火炬计划重点高新技术企业"，拥有国家级企业技术中心、博士后科研工作站。目前拥有农药生产定点企业五个，其中原药合成主要由青岛瀚生生物科技股份有限公司负责，制剂加工企业四个，分别是青岛瀚生生物科技股份有限公司、青岛润生农

化有限公司、青岛东生药业有限公司、山东滨海瀚生生物科技有限公司。

公司主导产品包括杀虫剂、杀螨剂、杀菌剂、除草剂、叶面肥和植物生长调节剂六大系列300多个产品，公司已建立遍及全国，甚至欧美、澳洲、东南亚等地区的营销网络，2018年实现销售收入12.12亿元。

青岛瀚生生物科技股份有限公司马秀臻同志被青岛市人民政府授予"青岛市劳动模范"称号

青岛瀚生生物科技股份有限公司马秀臻同志被中华全国总工会授予"全国五一劳动奖章"

山东中农联合生物科技股份有限公司

山东中农联合生物科技股份有限公司（简称"中农联合"），隶属中农集团，全资控股山东省联合农药工业有限公司、山东中农联合作物科学技术有限公司、潍坊中农联合化工有限公司。山东省联合农药工业有限公司是国家定点农药生产企业，主要生产杀虫剂、杀菌剂，是中国农药工业协会副会长单位、山东省农药行业协会理事长单位，中国百家名优农资企业、山东省高新技术企业；潍坊中农联合化工有限公司主要生产除草剂及农药中间体，是潍坊市化工企业先进单位；山东中农联合作物科学技术有限公司是致力于全方位农业综合技术服务的制剂产品销售企业。

企业发展历程

未来，为你而来！

2019年
泰安公司通过山东省第一批化工重点监控点认定。

2018年
被评定为 CNAS 检测中心；LH517 项目取得美国、澳大利亚专利授权，并获准进入欧盟国家；销售额 14.12 亿元。

2017年
2017 年公司在"新三板"挂牌，股票代码 871103；香港公司注册成立；投资建设 2000 吨/年麦草畏项目和 5000 吨/年除草剂制剂项目。

2016年
公司成为蓝迪国际智库项目首批"一带一路"重点企业；自主创制产品氟醚菌酰胺通过国家十二五验收，投放市场。

2014-2015年

10000 吨/年农药制剂项目建成并投入使用、3000 吨/年 CCMP 改造项目建成投产、3000 吨/年甲肟项目投产、800 吨/年新烟碱类杀虫剂项目建成。自主创制产品联合一号(氟醚菌酰胺)荣获国家一级发明专利。

2010-2013年
成立研发中心，被认定为济南市企业技术中心、高新技术企业、农药行业 AAA 级信用企业，销售额 9.06 亿元。

2007-2009年
年产 1500 吨 CCMP 生产线投入使用、2000t/n 吡虫啉项目投产使用；建设 1500 吨/年氰基乙酯项目、2000 吨/年咪唑烷项目；潍坊公司成立。销售额 4.11 亿元。

2006年
2006 年 12 月 19 日，山东中农联合生物科技股份有限公司成立，当年实现销售额 1.63 亿元。

1995-1997年
1995 年 7 月 31 日，山东省联合农药工业有限公司成立；1997 年建设 200 吨/年哒螨灵原药项目。

山东中农联合生物科技股份有限公司
地址：济南市历城区桑园路28号　　服务热线：400-0306-365　　公司网址：http://www.sdznlh.com

公司大门

中农联合，具备卓越的管理、优秀的产品、体贴的服务，始终坚持生产绿色、环保产品，注重品牌经营和以质取胜。获得了各级政府、农资经营单位和用户的认可。

中农联合拥有覆盖全国 34 个省、市、自治区的销售网络和完善的售后服务体系，产品更远销东亚、东南亚、北美洲、南美洲、非洲等 20 多个国家和地区，深受农民的喜爱和市场的欢迎。

中农联合按照国家重点实验室标准建立企业研发中心，中心面积 3700 平方米，团队现有 70 余人，配备了液质色谱仪、气质色谱仪、绝热量热仪、差示扫描仪、平行反应量热仪、康宁微通道反应器等先进仪器。先后承担了"十二五""十三五"国家重点研发课题，获得发明专利 30 余项，有两项专利已进入美国、澳大利亚、法国、德国、西班牙、葡萄牙、英国、印度等国，同时证件资源丰富，为公司提供了新的利润增长点及发展动力。

制剂新工厂一览

液体、固体车间

2016年仓库

景观湖

山东省农药企业发展 第二部分

中农联合"贫困母亲救助金"发放仪式

中秋节慰问老人

帮助省级贫困村角峪镇郗官庄村建设供水机井

海利尔药业集团股份有限公司

海利尔药业集团始创于1999年，属国家定点农药生产企业，是集农药和功能性肥料研发、生产、销售为一体的大型农化集团，于2017年1月12日在上海证券交易所主板A股上市（股票代码603639）。2018年年度实现合并营业收入21.91亿元，拥有5个国家级创新平台：博士后科研工作站、国家地方联建海洋生物源农药与环境友好型制剂工程研究中心、国家认定企业技术中心、农业部农药研发重点实验室、院士专家工作站；拥有多个大型农药生产基地，农药制剂的产值和销售额位居行业前列。企业品牌位居行业前列，产品深受广大农户喜爱。

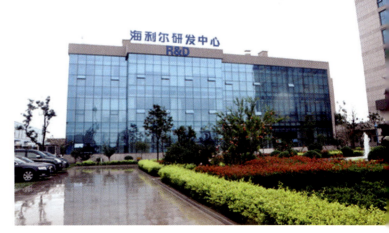

山东省农药企业发展　第二部分

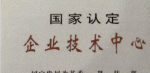

2011年10月22日，中国常驻联合国粮农机构代表夏敬源（右一）到访海利尔药业

2016年6月16日，时任青岛市委书记李群到海利尔公司调研

2017年6月3日，"浪花志愿者"义工活动

2015年12月3日，莱西马连庄海利尔希望小学揭牌

山东滨农科技有限公司

山东滨农科技有限公司创建于2003年，是一家集研发、生产销售及植保服务为一体的大型农药高新技术企业，拥有省级企业技术中心、山东省手性农药工程技术研究中心、山东省农药清洁生产与综合利用工程实验室三个省级创新平台。

拥有酰胺类、均三氮苯类、二硝基苯胺类、芳氧基苯氧基丙酸类、有机磷类和有机杂环类等除草剂原药生产线20条，原药合成工艺专有技术15项，可生产6大系列、30余种农药原药产品，年产原药6万吨。其中，异丙甲草胺原药含量高达98%，占全国总产量的80%，大部分出口欧美发达国家。

郭集旧址　　　　　　　　　　　建设中的员工宿舍楼

厂区鸟瞰

技术中心　　　　　　　　　　　行政中心

科研景观区

滨农科技70年国庆庆祝场景

青岛清原集团

青岛清原集团成立于2009年3月，总部位于青岛市国际经济合作区，旗下有青岛清原抗性杂草防治有限公司、青岛清原化合物有限公司、青岛清原种子科学有限公司、青岛清原农冠抗性杂草防治有限公司、江苏清原农冠杂草防治有限公司、江苏联科化学有限公司等9个企业，是一家专注于新化合物（除草剂）创制和生物技术（基因编辑）育种的创新型企业。2018年8月，清原创制的具有完全自主知识产权的双唑草酮、环吡氟草酮2个新化合物的6个相关产品（原药与制剂）获得了国家新农药登记，这标志着中国在除草剂创制领域的重大突破。创制的三唑磺草酮、苯唑氟草酮两个专利除草剂，将成为水稻田和玉米田抗药性杂草防治的关键产品。

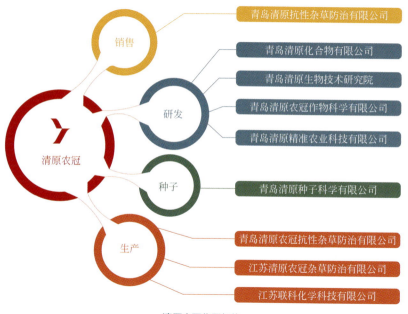

清原农冠集团架构

清原农冠生产基地

清原农冠创新中心

山东省农药企业发展

2017年4月，与先正达一行5人，参与了普草克®示范田调查

清原农冠现代化生测温室

所包含专利化合物	发明名称	授权公告号	授权公告日
双唑草酮	一种具有除草活性的4-苯甲酰吡唑类化合物	CN 103980202 B	2017.01.18
三唑磺草酮	吡唑类化合物或其盐、制备方法、除草剂组合物及用途	CN 105399674 B	2017.02.15
苯唑氟草酮	吡唑类化合物或其盐、制备方法、除草剂组合物及用途	CN 105503728 B	2017.03.22
环吡氟草酮	吡唑酮类化合物或其盐、制备方法、除草剂组合物及用途	CN 105218449 B	2017.08.11

4个创制化合物的授权专利

清原创制化合物授权专利

2018年7月23日，向贵州大学捐赠"清原绿色农药奖助学金"

山东绿霸化工股份有限公司

　　山东绿霸化工股份有限公司成立于1997年12月，注册资金3.6亿元，是一家集农药原药合成、精细化工制造、制剂加工、产品研发和销售于一体的农化集团，公司拥有自营进出口权，是国家定点农药生产企业。公司的技术开发能力和产品质量在业内具有较高的知名度，产品覆盖国内三十多个省区，并出口到美国、澳大利亚及欧洲、拉丁美洲、东南亚等国家。公司在山东省新三板挂牌企业中排名前五，在山东省农药企业中排名前五，在全国农药企业中排名前三十。2018年公司销售收入17亿元，利润总额2.5亿元，出口创汇1亿美元。

走在前列的山东农药

潍坊绿霸化工有限公司厂貌

济南绿霸农药有限公司厂貌

绿霸唐王基地

绿霸工厂

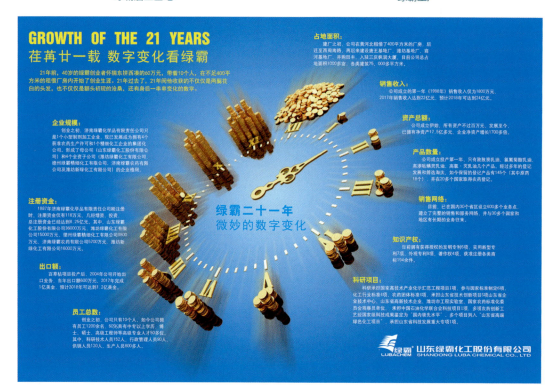

山东潍坊润丰化工股份有限公司

山东潍坊润丰化工股份有限公司成立于2005年6月，在山东省会济南设有战略管理与运营本部，在山东潍坊、山东青岛、宁夏平罗、阿根廷拥有4处制造基地，业务覆盖60多个国家，在海外国家和地区拥有3200多个农药登记证，另外公司国内外注册商标2000余个，自主品牌RAINBOW（彩虹）也在东南亚市场、拉美市场取得了一定的知名度。

面向全球客户提供植物保护产品和服务，植物保护产品出口额已连续七年排名全国前三位。先后获得"中国化工企业经济效益500强企业"、"农药制造行业效益十佳企业"、"中国农药出口额30强"、"中国农药制造业100强企业"、"中国农药创新贡献奖"等各类荣誉称号。

"成为全球领先的作物保护公司"是润丰的愿景，"润泽万物，丰登五谷"是润丰人的共同使命。润丰秉承"客户导向，快速响应，持续奋斗，开放包容，团队协作，共享共赢"的核心价值观，以其一如既往的执着和激情，携手全体员工及合作伙伴互利共赢、共同成长。

2016年，山东潍坊润丰化工股份有限公司济南研发中心建成投入使用，玻利维亚、巴拉圭、乌拉圭、缅甸等更多海外公司开始实体化运营。

2018年，公司实现销售收入54.017亿元，在国内农药行业出口位列第一，销售收入位列山东第一、全国第二，全球位列第十三。

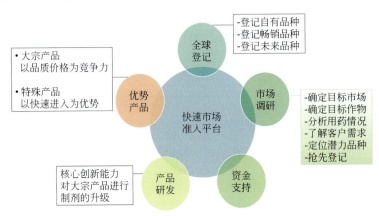

山东齐发药业有限公司

山东齐发药业有限公司于1987年开始筹建，名为齐鲁制药厂平阴分厂。2004年5月18日，由齐鲁制药厂平阴分厂改名为山东齐发药业有限公司。如今为横跨兽药、农药、医药中间体、饲料多领域共同发展的行业龙头企业。2018年公司实现销售收入8.6亿元，出口创汇7080万美元。公司生产的阿维菌素全球市场占有率超过20%，在国际市场上占据举足轻重的地位。

齐发药业1991年投产初期的厂区外貌

1995年，第一次通过FDA验收

1994年9月，时任国家计划委员会副主任房维中同志到公司考察调研，并题词留念

齐发药业2007年扩建后厂区北门

齐发药业扩建后办公楼

菏泽北联农药制造有限公司

菏泽北联农药制造有限公司位于菏泽市开发区科技工业园，旗下拥有一个生产基地（2001年创建）、四个生产区域（农药液体生产区、粉剂生产区、粒剂生产区、除草剂生产区）、一个质检中心、一个研发中心、一个物流服务中心、两个销售公司。

80%敌百虫乳油在巴基斯坦登记证书

济宁高新技术开发区永丰化工厂

济宁高新技术开发区永丰化工厂原系经山东省济宁市工商局开发区分局于1998年4月29日批准成立的一家股份合作制企业。现坐落于山东省济宁市济宁经济开发区宏祥路与坡北路交汇处路南，占地120余亩，注册资本人民币1000万元。

主要产品磷化铝深受国内、国际市场广大客户的青睐，分别与几十个国家和地区的代理商建立了长期合作的伙伴关系，外贸和自营出口占总销售额的90%以上。

2011年邀请国外粮食保护储存部门机构和部分外商参加"国际粮食储存学术交流会"

济南天邦化工有限公司

  济南天邦化工有限公司创建于2002年,用简陋的手动灌装机,几间平房做厂房,开始了艰难的创业历程。2014年,济南天邦化工有限公司迁至商河经济开发区,立足省级化工园区,打造国内一流的生产线及研发平台,可自主生产乳油、水剂、可湿性粉剂、悬浮剂、微乳剂、水乳剂、水分散粒等多种剂型,年生产能力达到五万吨以上。

济南天邦老厂区

济南天邦老厂区车间

山东仕邦农化有限公司

山东仕邦农化有限公司成立于 2003 年，原名济南仕邦农化有限公司。于 2006 年改制，进行组织架构调整。并于 2019 年更名为山东仕邦农化有限公司。是一家集现代农业植保产品研发、制造、销售于一体的公司，致力于国内外市场的开拓，将最先进的农业植保技术服务于现代农业发展。集团公司下设山东仕邦农业科技有限公司、山东丰禾立健生物科技有限公司、济南溪化生物科技有限公司、济南谷歌生物科技有限公司、山东护田鹰农业服务有限公司 5 个分公司。

济南中科绿色生物工程有限公司

济南中科绿色生物工程有限公司成立于 1998 年，是国家定点农药生产企业。公司主导产品是生物类农用制剂产品，其中阿维菌素和杀螨剂的品牌影响力和市场占有率连续多年居全国前列。

公司与中国农业大学、华东理工大学、山东农业大学、河北农业大学等知名高校建立了紧密的科研合作关系。

威海韩孚生化药业有限公司

1984 年，顺承国家改革开放之风，韩孚生化的前身——乳山市农药厂成立。

1998 年，为打破企业困局，在上级领导支持下，乳山市农药厂变更为威海市农药厂并完成了职工持股的产权制度改革，性质由镇办改制为股份合作。

2001年，企业重新对产权制度进行进一步的规范，成立了有限责任公司（名称仍为威海市农药厂）。

2003年，对原威海市生物农药厂进行收购并整改，成立乳山韩威生物科技有限公司。

2004年，威海市农药厂正式更名为威海韩孚生化农药有限公司。

2007年，威海韩孚生化农药有限公司更名为威海韩孚生化药业有限公司。

山东亿嘉农化集团

山东亿嘉农化集团创建于1997年，集团旗下涵盖农药原药合成、农药制剂加工、农资直营连锁、农业机械装备四个主营业务板块。

1997年，双星化工厂成立，成为寿光第一家通过农业部和化工部批准的农药生产企业。

2000年，双星化工厂正式变更为山东寿光双星农药厂。

2001年4月，山东亿嘉农化有限公司成立，开启了"双星""亿嘉"的双品牌经营模式。

2016年9月7日，亿嘉股份新三板挂牌敲钟仪式隆重举行。

2002年，租赁的厂区设备已经不能满足公司的成长需求，在古城开始筹建第一个农药厂

亿嘉农化北海分公司厂区

2007年10月，山东亿嘉农资连锁销售有限公司挂牌成立

2008年，开始筹建双星滨海生产基地

集团办公大楼

2016年9月7日，山东亿嘉农业机械装备股份有限公司（证券简称：亿嘉股份，证券代号：838483）成功登陆新三板

集团20周年庆

2009年，农业部原副部长刘坚视察公司连锁店

2018年8月受台风"温比亚"影响，寿光连降暴雨，亿嘉农化在积极开展洪灾自救的同时，积极响应寿光市委市政府号召，加入寿光市区的抗洪救灾，并向圣城、古城、羊口、慈善总会、农药协会、妇联等捐款近20万元，捐助救灾物资若干

山东东泰农化有限公司

1999年10月，山东聊城东昌农药有限公司正式成立。

2002年，山东聊城东昌农药有限公司更名为山东东泰农化有限公司。

此后，由一个名不见经传的资产二三百万的农药小制剂厂发展成为资产上亿元的国家农药定点生产企业。各项经济指标稳居聊城市农药行业第一名。

淄博新农基作物科学有限公司

淄博新农基作物科学有限公司成立于2000年11月,前身是淄博新农基农药化工有限公司,2017年正式更名,是国家定点农药生产企业,集原药合成、农药制剂的研发、生产、销售、服务于一体,拥有自营进出口权。公司产品涵盖除草剂、杀菌剂、杀虫剂,主要有烟嘧磺隆系列、精喹禾灵系列和乙羧氟草醚系列等苗后选择性除草剂。

山东恒利达生物科技有限公司

　　山东恒利达生物科技有限公司是以生产高端杀虫剂、杀菌剂、除草剂为主的国家发改委核准的农药定点生产企业。公司资产雄厚，设备先进，具备悬浮剂、水乳剂、水剂、乳油、可湿性粉剂等全剂型生产能力。

青岛金尔农化研制开发有限公司

　　2003年，青岛金尔总部基地在胶州工业园开始运行生产，从一个小的农药生产企业成长至如今拥有完善管理组织架构的大型企业集团，设立了山东碧奥生物科技有限公司、山东辉瀚生物科技有限公司、山东煌润研制开发有限公司，与青岛金尔总部一起组成"金、碧、辉、煌"四个农药生产企业。

　　2006年，公司正式更名为青岛金尔农化研制开发有限公司。

　　2009年，公司自建占地45亩的生产基地正式启用，当年销售额突破6000万元，并于2010年正式跨过亿元大关。

青岛金尔创始地

2012 年，收购山东亿邦生物科技有限公司，并改名为山东碧奥生物科技有限公司。

2013 年，收购山东神星药业有限公司。

2014 年，公司在威海南海新区占地 587 亩的新生产基地正式开工建设，同年公司销售额突破两亿元。

2016 年，山东煌润生物科技有限公司正式运作，致力于新型生物肥料、调节剂等产品的研发、生产和销售。

2017 年，集团公司组织架构进行重大改革，成立财务、生产、行政、研发、营销五大中心。并在威海南海新区核心位置成立山东碧奥房地产开发有限公司。

胶州基地

威海新生产基地

山东兆丰年生物科技有限公司

山东兆丰年生物科技有限公司成立于2008年10月，是诺普信（股票代码002215）的全资子公司，是集农药制剂产品的研发、生产、销售及植保技术服务于一体的现代农化企业。

公司产品包括杀虫剂、杀菌剂、除草剂三大系列近百个产品，以生物、仿生、新型杂环类和高效低毒低残留品种为主，其中水基化环保型农药制剂已达到国内领先、国际先进水平。

山东康乔生物科技有限公司

山东康乔生物科技有限公司成立于2009年，是国家农药定点生产企业，主要从事高效、低毒、环境友好型农药的研发、生产及销售。

主要产品为吡唑醚菌酯、螺螨酯、螺甲螨酯等原药及其制剂。公司是全国最大的吡唑醚菌酯、螺螨酯生产商，产品市场占有率55%以上，出口占比65%以上。

山东科大创业生物有限公司

山东科大创业生物有限公司始建于 1982 年,是国家批准的农药定点生产企业,是一家集研发、生产、销售于一体的现代化企业。企业主要产品分抑虫、抑螨、抑菌三大剂型,年生产能力 5000 吨。

山东大农药业有限公司

山东大农药业有限公司成立于 2001 年 7 月,是专业从事农药颗粒剂的生产企业。颗粒剂载体有六大类:圆形颗粒系列、海泡石系列、陶砂系列、焙烧粒系列、石英砂系列、水溶性载体系列。

山东海讯生物科技有限公司

山东海讯生物科技有限公司是国家定点农药生产企业,公司前身 55181 部队农药厂是当时济南唯一一家在部队进行农药生产加工的农药厂。

20 世纪 90 年代中期,55181 部队农药厂面临倒闭,正式更名为"济南绿园农药

厂"。2002年9月11日，山东海讯生物化学有限公司成立。公司原址位于济南市天桥区工业园北区，公司现址位于省级化工园区商河经济技术开发区和谐路6号。

公司坚持以食品安全和人类健康为己任，以帮助客户发展为核心，以用户利益为最高利益。研发生产的生物农药和低毒高效农药嘧菌酯、腐霉利、吡虫啉、甲基硫菌灵、氨基寡糖素、阿维菌素颗粒剂、噁唑霜脲氰、丙锌戊唑醇等产品畅销全国。

淄博美田农药有限公司

淄博美田农药有限公司是国家农业农村部和国家发改委批准定点的农药生产企业之一，国家鼓励发展的涉农型农药生产单位，也是以外贸出口为主的生产企业。

公司始建于2002年5月，现产品主要涵盖杀螨剂、杀虫剂、杀菌剂三大系列，产品均为中低毒及生物农药，剂型都是国家鼓励的环保剂型，年产制剂产品3000余吨。

青岛星牌作物科学有限公司

青岛星牌作物科学有限公司成立于2005年，2009年获得中国农药制剂龙头企业诺普信青睐，成为诺普信上市后首家进行资本注资的公司。

公司坚持以"将作物病虫害防治做到最优"为产品开发宗旨，以化合物技术应用研究为依托，以为农民解决实际问题为出发点，以为客户创造价值为核心战略，实施关键客户的渠道战略。

山东科信生物化学有限公司

山东科信生物化学有限公司成立于 2004 年 8 月 6 日，2017 年与南京红太阳集团强强联合，拥有十个大型化工车间，生产除草剂、杀虫剂、杀菌剂和精细化工中间体四大系列二十多个产品。

公司依托雄厚的技术开发力量，较强的创新能力和工程化能力，先后承担各种国家级、省市级项目。

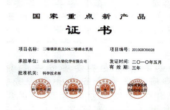

山东禾宜生物科技有限公司

山东禾宜生物科技有限公司始创于 2006 年，下设潍坊禾宜农化有限公司和潍坊大德元工贸有限公司两个子公司，是一家集科研、开发、生产、销售、服务于一体，专业从事农作物病虫害防治、高效农业科学开发、生物农药研发和应用的高新技术型企业。

原公司厂区大门

搬迁后的生产厂区

农艺师队伍

潍坊华诺生物科技有限公司

潍坊华诺生物科技有限公司成立于2002年，主要从事海洋生物多糖、海洋油气探测材料、土壤保护剂、生物肥料的研发、生产、销售及进出口业务，是首批山东半岛"蓝、黄两区"建设重点发展企业。

公司先后同中国海洋大学、中国科学院海洋研究所、中国农业科学院植物保护所、荷兰瓦赫宁根大学等国内外科研院所开展合作和交流。公司是中国海洋大学中试实验基地和大学生实习实训基地，并依托中国海洋大学海洋药物教育部重点实验室和科技部国家海洋药物工程中心，建有校企联合实验室——海洋药物与新材料联合实验室。

山东新势立生物科技有限公司

山东新势立生物科技有限公司前身为宁津县津光农药厂，成立于1993年，是一家集农药产品研究开发、生产销售与农业技术推广服务于一体，拥有先进的检测设施及一流生产设备的科技型企业。

新势立集团旗下新势立、光扬两家企业，均为国家农药生产定点企业，是集农药自主研发、生产、销售及技术服务于一体的现代化科技型企业。可生产水悬浮剂、水乳剂、微乳剂、干悬浮剂、颗粒剂等国际领先的环保剂型，年生产能力达2万吨。

山东源丰生物科技有限公司

　　山东源丰生物科技有限公司位于菏泽市牡丹区黄堽工业园，园内基础设施完善，交通便利。

　　公司现有悬浮剂、微胶囊悬浮剂、可分散油悬浮剂、乳油、微乳剂、水乳剂、可溶液剂、水分散粒剂、可湿性粉剂、颗粒剂等 11 个剂型，全自动化加工生产线 20 余条，年农药制剂生产能力 5000 吨。

第三部分

科技与创新

为了满足山东省农业发展的需要,科研院所及企业先后加入了创制队伍,建立了新农药创制体系,创制了一批具有自主知识产权的农药品种,开发了一批重点产品,培养了一批科技人才,使山东农药走上创新之路。

所获荣誉与认证

山东省农药企业获得的各类奖项(部分):

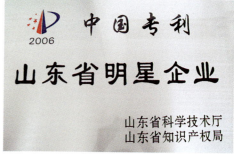

截至2019年，山东省农药行业具有国家认定企业技术中心4个：山东省农药科学研究院、海利尔药业集团股份有限公司、青岛瀚生生物科技股份有限公司、京博农化科技有限公司。

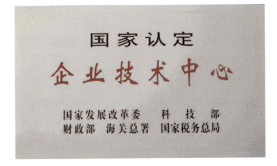 

省级企业技术中心15个：山东大成生物化工有限公司、山东华阳农药化工集团有限公司、山东京蓬生物药业股份有限公司、侨昌现代农业有限公司、山东先达农化股份有限公司、山东科赛基农控股有限公司、山东科源化工有限公司、山东中农联合生物科技股份有限公司、山东滨农科技有限公司、山东齐发药业有限公司、山东绿霸化工股份有限公司、威海韩孚生化药业有限公司、山东东泰农化有限公司、山东康乔生物科技有限公司、山东潍坊润丰化工股份有限公司。

市级企业技术中心8个：山东胜邦绿野化学有限公司、山东邹平农药有限公司、山东亿嘉农化有限公司、乳山韩威生物科技有限公司、淄博新农基作物科学有限公司、山东兆丰年生物科技有限公司、青岛星牌作物科学有限公司、潍坊华诺生物科技有限公司。

国家火炬计划重点高新技术企业：山东滨农科技有限公司、青岛瀚生生物科技股份有限公司、海利尔药业集团股份有限公司、山东华阳农药化工集团有限公司。

国家高技术产业化示范工程：山东绿霸化工股份有限公司。

产学研合作

招远三联化工厂有限公司与南开大学元素有机化学研究所、烟台农业科学院共同成立了烟台三联农药研究所。

2008年，经山东省科技厅批准，山东潍坊润丰成立"山东省除草剂工程技术研究中心"。

2016年，山东先达农化与南开大学、华中师范大学联合创立山东先达农化创新研究院。

京博农化同南开大学联合建立"京博南开生态新农药研发创制中心";协同天津大学开展产品新晶型的探索;联合浙江大学开展高效催化剂的筛选和回收;同兰州大学建立联合实验室。利用多渠道多维度来保证公司技术的领先和持续发展。

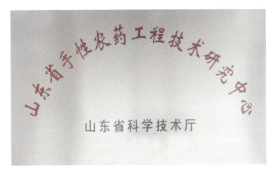

山东中农联合的杀菌剂氟醚菌酰胺已获准登记并实现产业化,大幅度提高中国的新农药创制效率与成功率。

2018年8月30日,清原农冠创制的具有完全自主知识产权的双唑草酮、环吡氟草酮2个新化合物的6个产品(原药与制剂)获得了国家新农药登记,这标志着中国在除草剂创制领域的重大突破。

目前,全球仅有美国、德国、日本、瑞士、中国等国家的9家企业拥有除草剂创制能力,目前青岛清原是我国唯一一家,全

球除草剂创制应用进入"5国9企"的竞争格局。

2019年4月6日,李正名、罗锡文、陈剑平、钱旭红、宋宝安、康振生6位中国工程院院士,农业农村部科技发展中心副主任聂善明,全国农业技术推广服务中心党委书记魏启文等110余位专家领导,出席了"环吡氟草酮"田间示范效果观摩验收会。专家一致认为,环吡氟草酮的创制和应用整体研究已达国际领先水平,标志着我国在新化合物(除草剂)创制应用上实现了弯道超车,为我国农药创制与应用贡献山东力量。

滨农科技建设世界一流的GLP实验室。2019年4月,滨农科技GLP实验室正式获得由波兰卫生部化学物质管理局颁发的GLP证书(Registration number:6/2019/DPL),成为山东省首家、国内第23家OECD GLP实验室,同时也是国内第12家专门提供农药相关服务的GLP实验室。

滨农科技GLP实验室内景

2019年5月10日,山东省公布了"2019年度山东省制造业高端品牌培育企业"名单,农药企业上榜两家:

标准与专利

山东省农药企业参与起草、制定国家、行业标准的情况如下。

淄博新农基作物科学有限公司：参与起草烟嘧磺隆国家标准；

山东埃森化学有限公司：参与起草辛硫磷原药国家标准；

山东康乔生物科技有限公司：参与起草吡唑醚菌酯和螺螨酯原药及其制剂的国家标准；

山东胜邦绿野化学有限公司：参与制定农药干燥减量的测定方法、1.8%辛菌胺乙酸盐水剂、草甘膦水剂、草甘膦可溶粉（粒）剂4项国家标准；

山东绿霸化工股份有限公司：参与起草高效氟吡甲禾灵原药国家标准，氯氟吡氧乙酸原药国家标准，氰氟草酯原药、氰氟草酯水剂行业标准，敌草快原药、敌草快水剂行业标准，氯氟吡氧乙酸异辛酯原药、氯氟吡氧乙酸异辛酯乳油国家标准；

山东中石药业有限公司：参与国家农药标准委员会对乙草胺原药和乳油的国家标准制定、修订；

京博农化科技有限公司：参与10项国家、行业标准的制定；

青岛瀚生生物科技股份有限公司：参与制定（修订）国家、行业标准及地方标准7项；

海利尔药业集团股份有限公司：参与制定国家标准13项；

山东滨农科技有限公司：牵头和参与制定农药行业标准6项；

山东潍坊润丰化工股份有限公司：参与制定国家及行业标准17项，其中国家标准12项（牵头制定2项）、行业标准5项；

山东齐发药业有限公司：主持制定3项国家标准。

山东省农药企业获得发明专利情况如下。

龙口市化工厂：磷化铝新型包装、熏蒸专用带等6项外观设计和实用新型国家专利；

山东胜邦绿野化学有限公司：拥有有效授权发明专利10件，16件实用新型专利、4件外观设计专利获得授权；

山东先达农化股份有限公司：国家发明专利30多项；

山东科赛基农控股有限公司：发明专利7项，实用新型专利27项，申请中专利18项；

京博农化科技有限公司：拥有授权专利75项，其中发明专利68项；

青岛瀚生生物科技股份有限公司：获国家发明专利授权40余项；

山东中农联合生物科技股份有限公司：已获得28项发明专利授权；

海利尔药业集团股份有限公司：拥有发明专利50项；

山东滨农科技有限公司：拥有有效专利39项，其中发明专利36项，实用新型专利3项；

青岛清原农冠抗性杂草防治有限公司：已有双唑草酮、环吡氟草酮、三唑磺草酮、苯唑草酮4例HPPD（对羟基苯丙酮酸双加氧酶）抑制剂化合物获国内专利授权，并已申请PCT专利，申请PCT国际发明专利86项；

山东齐发药业有限公司：取得了8项发明专利授权；

山东绿霸化工股份有限公司：目前拥有获得授权的发明专利6项，实用新型专利7项，外观专利9项，著作权4项；

威海韩孚生化药业有限公司：授权发明专利4项，实用新型专利12项；

山东东泰农化有限公司：获得20%苯醚甲环唑微乳剂发明专利，获2项"苯醚甲环唑生产工艺"国家发明专利；

淄博新农基作物科学有限公司：国家授权的3项发明专利和11项实用新型专利；

山东兆丰年生物科技有限公司：获得3项发明专利，6项实用新型专利，3项发明专利已受理，另获3项发明专利转让；

山东潍坊润丰化工股份有限公司：已获授权专利177项（境内159项，境外18项），其中发明专利140项（境内128项，境外12项）；

山东康乔生物科技有限公司：已申请发明专利36项，已获得授权12项；

山东大农药业有限公司：已申请发明专利14项；

青岛金尔农化研制开发有限公司：已获得发明专利6项，审查中11项，外观设计专利1项；

潍坊华诺生物科技有限公司：已申请国家发明专利30余项，科技成果转化10余项。

品牌与上市

山东省农药产品质量稳步提高，其中中国名牌产品有三个："大成"牌拟除虫菊酯、"华阳"牌拟除虫菊酯、"侨昌"牌乙草胺。

中国驰名商标有七个：滨农、侨昌、科赛基农、胜邦绿野、华阳、瀚生、外尔。

山东省名牌产品共39个。山东省著名商标共32个。

上市公司主要有：
① 海利尔药业集团股份有限公司
股票名称：海利尔　股票代码：603639

② 山东先达农化股份有限公司
股票名称：先达股份　股票代码：603086

新三板挂牌 3 家：
① 山东绿霸化工股份有限公司　股票代码：834117。
② 山东亿嘉农化有限公司　股票代码：838483。
③ 山东中农联合生物科技股份有限公司　股票代码：871103。

走在前列的山东农药

第四部分
国际贸易与对外交流

改革开放促进了我国农药工业的国际交流和合作。1994 年，我国结束了进出口贸易逆差的历史。经过 20 多年的努力，我国已经成为世界非专利农药的主要生产国，产品销售至 153 个国家和地区。

我国积极开展国际合作，以进一步促进农药工业的发展，为人们更美好的生活环境作出贡献。

山东省农药国际贸易情况

随着 2013 年国家推出"一带一路"合作倡议，中国农药的足迹已遍布"一带一路"国家。如今中国已成为世界最大的农药生产国，能生产 500 多种原药，几十种剂型，1000 多种制剂，且环境友好型农药成为主流。山东农药的出口形势也显示良好的上升趋势，2019 年，山东农药出口创汇金额 140914.02 万美元，其中原药出口量 29534.71（折百）吨，出口金额 37463.42 万美元。

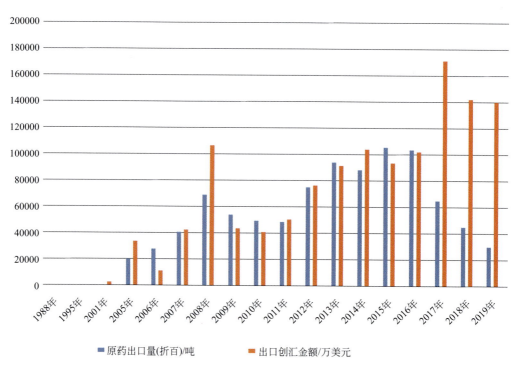

山东省农药出口情况统计

（1）除草剂

年份	出口量/吨	占比/%
2006 年	22062.53	—
2007 年	32600.29	—
2008 年	57026.13	—
2009 年	43876.70	—
2010 年	39894.90	81.70
2011 年	38096.75	79.09
2012 年	65754.80	88.12
2013 年	87640.33	93.50
2014 年	82114.07	94.04
2015 年	97151.75	92
2016 年	88046.72	85.31
2017 年	54028.28	84.92
2018 年	35317.29	78.99
2019 年	21729.34	73.57

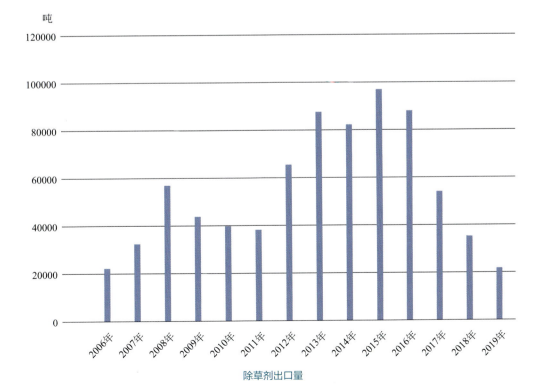

除草剂出口量

（2）杀虫剂

年份	出口量/吨	占比/%
2006年	5418.15	—
2007年	6822.50	—
2008年	10201.92	—
2009年	8148.73	—
2010年	7244.53	14.84
2011年	7996.09	16.60
2012年	6831.20	9.16
2013年	4953.33	5.29
2014年	4262.96	4.89
2015年	7101.95	6.73
2016年	14058.47	13.62
2017年	8766.72	14.06
2018年	8371.89	18.72
2019年	6242.91	21.14

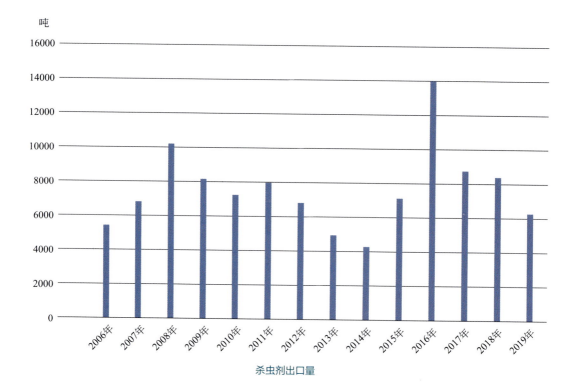

杀虫剂出口量

（3）杀菌剂

年份	出口量/吨	占比/%
2006 年	211.00	—
2007 年	827.00	—
2008 年	1053.00	—
2009 年	978.03	—
2010 年	1505.40	3.08
2011 年	2049.20	4.25
2012 年	2010.41	2.69
2013 年	1105.17	1.18
2014 年	944.80	1.09
2015 年	1170.73	1.11
2016 年	1101.22	1.07
2017 年	827.39	1.30
2018 年	1020.59	2.28
2019 年	1562.46	5.29

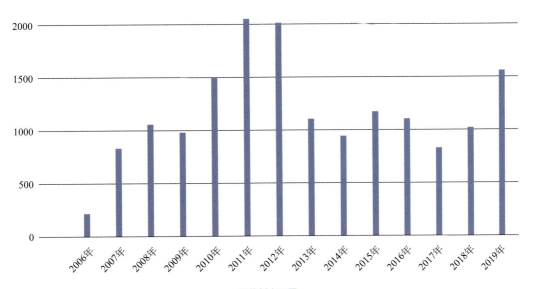

杀菌剂出口量

农药出口已达 153 个国家和地区。其中巴基斯坦、泰国、越南、印度尼西亚、新加坡等传统亚洲市场继续保持增长；美国、澳大利亚、日本、德国、法国等发达国家市场大幅上升；阿根廷、巴拉圭、巴西、乌拉圭、哥伦比亚、厄瓜多尔、墨西哥等拉美市场迅速扩展；乌克兰、南非等新市场开拓也取得较快进展。

国际交流

改革开放以来，山东省农药行业与世界各国进行了广泛的国际交流，向世界介绍了中国农药的发展，加强了与国外同行的合作，为拓展山东农药在国际市场中的份额起到了积极作用。在各项交流中，就农药登记法规、新技术及新剂型的研发、环境保护与社会责任、实验室建设和国际贸易等问题进行了广泛的讨论。

山东省农药行业协会和农药企业赴世界各地，与各国家或地区的政府部门、行业组织和生产企业进行交流。山东省农药行业协会组织的国际交流，足迹遍及美国、英国、法国、德国、瑞士、阿根廷、巴西、澳大利亚、乌克兰、印度等国家。

2014年，山东省农药工业协会代表团赴澳洲考察交流

2011年，山东省农药工业协会应邀访问泰国

2011年，山东省农药工业协会应邀访问肯尼亚

山东省农药行业代表团参观日本食品农药残留检测株式会社

国际贸易与对外交流 第四部分

省内企业家代表赴印度参观考察

山东省农药行业协会许辉理事长在乌克兰
介绍中国农药的生产与使用情况

山东省农药企业代表团赴澳大利亚考察

山东省农药行业协会许辉理事长向南非农业部官员赠送纪念品

山东省农药行业代表团赴东南亚考察

山东省农药企业代表团赴荷兰考察

青岛清原农冠受邀出访

中农联合公司参加俄罗斯、墨西哥展会

我省农药企业拜访喀麦隆农业部部长　　中国驻喀麦隆大使会见我省农药企业代表　　胜邦绿野公司赴缅甸拓展业务渠道

2017年9月18日，亿嘉农化公司的精益团队参观走访日本企业　　2018年10月8日，亿嘉农化公司参观走访日本企业

在走出去的同时，还积极邀请海外农药管理部门、国际组织、农药专家、农药企业等到我省进行参观、访问及专题讲座。

国际贸易与对外交流

拜耳科学家访问青岛清原

先正达一行来访清原创新

2019年,老挝农业部官员到访科赛基农老挝分公司

喀麦隆农业部官员参观我省农药企业海外分公司展位

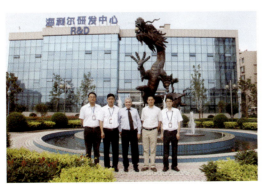

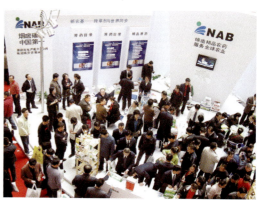

两岸交流

  海峡两岸的农药组织多次举行交流活动。通过交流不仅促进友谊，也促进贸易，使海峡两岸情谊更加深厚。

2007年，台湾区植物保护工业同业公会参访团到山东，郑敦仁理事长和山东省农药工业协会许辉理事长互赠纪念品

山东省农药工业协会赴台湾访问

国际贸易与对外交流 第四部分

山东省农药工业协会与台湾企业家交流

山东省农药企业代表与台湾兴农药业(中国)有限公司交流

第五部分

安全与环保

农药行业安全与环保的技术要求

环境、安全是影响农药行业发展的重要因素，安全与环保是企业发展的生命线。农药行业要走绿色发展之路，通过科技创新、结构调整、工艺改进、技术改造、节能减排等方法来实现经济发展和环境保护的统一，从而实现可持续发展。

花园式工厂——中农联合泰安工厂

环保装置

（1）多效蒸发装置

海邦化工多效蒸发装置

中农联合三效蒸发装置

（2）生化处理装置

中农联合三期环保

滨农科技污水治理实现装备能力全覆盖

（3）废气处理装置

滨农科技有机废气处理装置（RTO）

（4）焚烧处理装置

中农联合废水焚烧炉

滨农科技"三废"无害化综合处置项目大型焚烧炉

安全培训与安全检查

滨农科技消防队

科源化工消防队

走在前列的
山东农药

第六部分

社会责任

近年来,在农药行业协会、企业以及政府有关部门的支持和共同努力下,山东省农药行业责任关怀工作已经有了良好的开局,取得了初步的成效。全行业认识责任关怀理念,实施责任关怀措施,主动承担社会责任,推进行业和谐发展。

2019年5月,农业农村部、山东省人民政府在寿光市共同举办的"2019年全国放心农资下乡进村宣传周现场咨询活动",我省农药企业积极参加并捐赠放心农药

我省农药企业积极参加济南市农资打假"绿剑护农"行动,积极维护消费者权益

走在前列的山东农药

第七部分

山东省农药研究管理机构

山东省农业农村厅农药管理处

山东省农业农村厅种植业管理处挂农药管理处牌子，主要职能是承担农药生产、经营监督管理工作，指导农药科学使用。

近年来，根据《农药管理条例》（国务院令第677号）及配套规章，结合山东省农药行业实际，注重搞好农药管理统筹协调，形成了农药管理处牵头，植保、药检等事业单位提供技术支撑，行政与事业"握指成拳"的农药管理合力；注重构建农药管理长效机制，制定山东省农药行业转型升级行动计划和农药生产、经营、使用三个关键环节的日常监督管理办法等政策措施，《山东省农药管理办法》列入2019年省政府规章一类立法计划；注重抓好农药管理重点环节，实施农药技术创新、农药生产转型升级、科学选药用药示范、农药包装废弃物收集处置、农药产品可追溯系统建设和农药监管执法规范化六大行动；注重加强农药管理技术保障，开发完善山东省"农药监管图"农药监管平台，形成了集生产、经营、使用信息发布，行政许可办理，数据统计分析，生产、经营、使用台账管理等众多功能的网上"一张图"，实现农药行政许可、咨询等"一次办好""零跑腿"，为农药诚信体系建设提供了网络技术支撑。

山东省植物保护总站

山东省植物保护总站隶属山东省农业农村厅，系国家公益性事业单位，是人力资源和社会保障部、农业农村部农业行业特有工种职业技能鉴定站（350号站）。主要职能是承担全省农业生物灾害的预测预报和综合治理工作，负责植保技术推广、植物检疫执法、农药安全使用管理等工作。在省农业农村厅的正确领导下，带领全省各级植保部门，开展了植保新技术试验示范与推广，全力打好草地贪夜蛾等重大病虫应急防控战役，推动了山东植保不断进步与发展。

办公楼原址

（1）统防统治建设

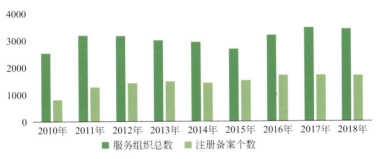

山东省2010～2018年统防统治组织发展情况

山东省2011～2018年专业化统防统治作业情况

日作业能力

于国安副省长在邹平市召开的"2018年全省春季农业生产会议"观看统防统治作业现场

2010～2019年,我省已连续10年实施"省农业病虫害专业化统防统治能力建设示范"项目,省财政累计投入专项资金1.83亿元,共扶持了700余个专业化统防统治服务组织,为其配备新型高效植保机械14000余台、防护装备18000余套。

2017年全省项目工作会议

2013年在"省农药械双交会"上举办的项目首次采购植保无人机发放仪式

章丘市建立的"小麦、玉米示范区"

全省共有专业化防治组织 3300 多个,已经成为我省统防统治事业主力军。

2013年在山东齐力新农业服务有限公司召开的
全省重大病虫害统防统治现场会议

东营河口区飞防农业机械农民专业合作社

夏津农家丰植保农机服务专业合作社

商河县保农仓农作物种植专业合作社

统防统治服务组织培训

(2) 高效率植保机械的推广与应用

全省拥有高效植保机械 11 万余台(套),其中大中型植保机械 5.9 万余台(套),较 90 年代"零使用量"有质的突破。

自走式高杆喷雾机

自走式喷雾机

风送式远射程喷雾机

风送式果园专用喷雾机

航空植保机械作业速度快、突击能力强、防控效果好,不受作物长势的限制,有效解决了我省小麦、玉米作物生长中后期地面机械难以下田作业的瓶颈,提高了我省大田作物病虫害应急防控能力,推动现代植保发展。

农用直升机

农用飞机

农用植保无人机

农用滑翔机

（3）农药零增长行动——绿色控害

2014年，"全国农作物病虫害绿色防控现场会"在邹城市召开

（4）农药科学（安全）使用技术培训

在宁阳县召开农药安全使用培训班　　　　　2017年科学安全使用农药技术培训现场会

在莒南县召开农药安全使用培训班　　　　　在博兴县召开农药安全使用培训班

（5）农药零增长行动——农企共建

近几年来，全省建立 100 余个农企共建示范基地，示范组建了涵盖粮菜果油等作物的农药减量控害技术体系，为推动我省农药零增长向纵深发展提供了技术支撑。

农企共建座谈会

农企共建示范基地

（6）农药零增长行动——科学用药

山东省瓜菜"一减双保"安全工程寿光示范区

作物生长全生育期病虫草害全程系统控制技术

植保无人机应用技术研讨会

植物诱抗免疫产品与助剂

（7）重大病虫应急防控——东亚飞蝗

各级政府高度重视治蝗工作，财政拨出专款用于应急防控，实现治蝗工作常态化，应急防控、生物防治与飞机防治常规化，做到不起飞、不扩散、不成灾。

东亚飞蝗大发生实况

90年代，利用背负式喷雾器、植保飞机等植保机械治蝗

2019年，利用自走式喷雾机、植保无人机、植保直升机等新型植保机械治蝗

（8）重大病虫应急防控——小麦条锈病

新中国成立以来，我省有6次大流行发生，尤以2010年、2017年小麦条锈病流行重，扩散时间之早、范围之广、速度之快为历史罕见，对全省小麦生产安全构成极大威胁。在各级政府领导下，各级各地各有关部门密切配合，协调联动，迅速发动小麦条锈病防控阻击战、攻坚战，有力地保障了夏粮丰产丰收。

曹县2017年小麦条锈病飞防现场会

小麦条锈病

小麦条锈病防治现场

(9) 重大病虫应急防控——草地贪夜蛾

我省滕州市于2019年7月16日首次发现草地贪夜蛾高龄幼虫为害玉米,各级植保部门按照严密监测、全面扑杀、分区施策、防治结合的要求,全面准确监测预警,及时有效防控处置,严控其大规模迁飞为害,保障了玉米生产安全。

草地贪夜蛾

泰安岱岳区草地贪夜蛾监测防控技术培训班

监测与防控

(10) 获得荣誉

省植物保护总站获得的荣誉

省植物保护总站药械科获得的荣誉

我站任宝珍研究员作为北京2008年奥运会火炬接力济南站第190棒火炬手,参加火炬接力

我站孙永忠同志主持省农业农村厅"道德讲堂"

(11) 科技下乡

执法宣传

农产品质量安全宣传

技术人员在田间为农民指导

省植物保护总站荣获"三下乡"活动先进集体称号

3

山东省农药检定所

山东省农药检定所隶属山东省农业农村厅,1986年7月由省编委批准成立,当时为山东省植物保护总站下设科级单位。1992年4月,更名为山东省农药检定所,同年12月,增挂"山东省农药质量监督检验站"牌子。1993年5月,由原省植物保护总站科级单位升为处级单位,同年8月,通过国家计量认证和部级机构认可,被批准为"农业部农药质量监督检验测试中心(济南)"。1996年8月,经省编委批准,成为独立的正处级事业单位。2012年12月,更名为山东省农药检定所(山东省农药质量检验站)。

荣誉墙

2012年,时任农业部副部长牛盾到所视察工作

2017年,时任山东省省委副书记、省长龚正到所视察工作　　　　实验室内景

4

山东省农药科学研究院

1966年9月,山东省化学工业公司农药研究所成立,挂靠于张店农药厂。

"文革"期间,大部分职工被安排至张店农药厂车间工作,科研一度中断,至1972年职工陆续从农药厂回到原工作岗位,科研工作重新起步。

1978年，山东省化学工业公司农药研究所更名为"山东省农药研究所"。

1983年9月，山东省农药研究所整体搬迁至济南，进入独立发展阶段。

1994年，经山东省编制委员会、山东省质量技术监督局批准，山东省化学农药及中间体产品质量监督检验站成立，与山东省化工厅农药及中间体产品质量监督检验中心为同一机构，主要承担化学农药及中间体的检验任务，同时也是山东省农药标准化技术归口单位。

1996年，山东省财政厅、科技厅共同投资建立山东省化学农药重点实验室。

1999年，检验站通过山东省质量技术监督局的计量认证和审查认可，并获得国家石油和化学工业局授权，开始承担全省农药生产批准证书检测工作。

2000年1月，与中国农药工业协会等单位联合主办的《农化新世纪》创刊，后更名为《今日农药》。主办召开第一届山东省农药信息交流会。

2003年9月，山东省农药学会成立，山东省农药研究所任理事长单位，秘书处设在山东省农药信息中心。

2005年，《山东农药信息》《今日农药》入选中国期刊全文数据库，中文科技期刊数据库全文收录。

2012年2月，山东省农药研究所检验站通过农业部农药登记原药全组分分析GLP实验室认定。

2013年9月，经山东省机构编制委员会批准，"山东省农药研究所"更名为"山东省农药科学研究院"。

2015年12月，经山东省人民政府批准，归属山东省农业科学院管理，主管部门由山东省石油化学工业协会变更为山东省农业科学院。

2018年，山东省农药科学研究院作为编委单位参与农业部主持的《中国农药典》编撰工作，参与农业部牵头的《联合国粮食及农业组织用于推荐食品和饲料中最大残留限量的农药残留数据提交和评估手册》中文翻译工作，为我国农药残留限量标准制定和风险评估提供指导。

按照全新的农药登记试验管理相关要求，山东省农药科学研究院产品化学试验、环境影响试验、残留试验和药效试验先后通过农业农村部考核认定，获得农药登记试验单位资质，技术服务涵盖产品质量检测、储存稳定性试验、理化性质检测、生态毒理试验、农作物残留试验和农林用农药试验等诸多领域。

山东省农药科学研究院是（全国）农药产业技术创新战略联盟（成员单位）、中小企业环保型农药技术创新服务平台、国家火炬重点高新技术企业。

山东省农药科学研究院拥有各类高层次人才，其中有宋协阳、司金城、陈强三位享受国务院津贴的专家。

2006年以来，山东省农药科学研究院承担了7项国家级科研项目、39项省级科研项目；取得发明专利20项，实用新型专利16项；取得国家级科研奖励10项，省部级35项，厅局级2项。

山东省农药研究管理机构 第七部分

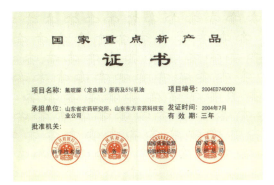

2008年11月，作为课题承担单位参加"十一五"国家科技支撑计划"农药创制工程"项目验收会

2016年8月，作为课题承担单位参加的"十二五"国家科技支撑计划项目"绿色生态农药的研发与产业化"通过验收

山东省农药行业协会

山东省农药行业协会成立于1994年10月，是由山东省内农药生产、加工、经营企业，农业社会化服务组织，以及配套的原料及中间体、助剂、包装材料、包装机械

和施药机械等企业，科研院校和省内县市农药协会，本着平等、互利、自愿的原则联合组成的省级行业性社会团体，接受山东省民政厅的监督管理和山东省农业农村厅的业务指导，是山东省农药行业的协调、服务和自律性组织，也是山东省农药行业对外交流的窗口，现有会员单位156个。

山东省农药行业协会成立以来，始终坚持为政府、为行业、为企业服务的宗旨，坚持"双向服务"，最广泛地团结广大的会员单位，深入了解行业的情况，积极反映企业的诉求和希望，维护会员合法权益，与广大企业风雨同舟，携手共进。协会伴随着山东省农药行业的发展走过了不平凡的25年，见证了山东农药行业的高速发展，同时也以其良好的服务工作体现了协会的价值，得到了省政府相关部门的认可和广大会员的拥护和支持，山东省农药行业协会已经成为山东省农药行业的重要组成部分和推动山东省农药行业健康发展的重要力量。

根据民政部《社会组织评估管理办法》和《山东省民政厅关于开展第四批省管社会组织评估工作的通知》要求，经社会组织自评、第三方评估机构实地考察初评、评估委员会审定、公示和复核等程序，2019年山东省农药行业协会获评中国社会组织评估等级"5A级"。

（1）协会活动

协会党支部组织党员向党旗宣誓

协会党支部组织党员学习

协会举办各类政策学习、研讨会议

协会会员大会

协会会员大会

协会举办新春茶话会,邀请专家、企业家代表热烈讨论　　协会组织企业家代表赴新疆考察、学习留念

(2)各类培训、交流

农药国际市场开拓及境外登记培训　　农药高级化验员培训

农药合成技术培训在山东大学举办　　农药制剂加工技术培训

（3）"一带一路"交流

（4）国内交流活动

湖南省农药工业协会等来我省访问

天津市农药协会来我省访问

安徽省农药协会来我省访问

陕西省农药行业协会来我省访问

协会组织山东省农药企业代表赴浙江参观、考察

（5）双百扶贫和乡村振兴

积极贯彻落实省民政厅、省选派第一书记领导小组办公室和省扶贫办的工作部署，积极开展"双百扶贫"行动和"乡村振兴"活动。

协会在中秋节前夕组织走访、慰问

协会在第一书记帮扶村临沂市湖头镇肖宋哨村设立科普栏

协会组织专家赴沂南第一书记帮扶村走访、调研，宣传用药知识

（6）丰富多彩的文体活动

协会组织行业乒乓球比赛

协会组织行业羽毛球比赛

协会组织行业篮球比赛

第八部分

山东省农药行业协会历届理事会名录

山东省农药工业协会第一届理事会名录

名誉理事长:

山东省化工厅副厅长　　　　　　　　　　　　　张东泉

理事长:

山东农药工业股份有限公司董事长兼总经理　　　陈国营

副理事长:

山东省化工厅炼化处处长　　　　　　　　　　　王廷玺

青岛农药厂厂长　　　　　　　　　　　　　　　杨乃珊

秘书长:

山东农药工业股份有限公司计划处处长　　　　　杜锡恩

副秘书长:

山东省化工厅炼化处主任科员　　　　　　　　　许　辉

常务理事:

山东农药工业股份有限公司董事长兼总经理　　　陈国营

山东省化工厅炼化处处长　　　　　　　　　　　王廷玺

青岛农药厂厂长　　　　　　　　　　　　　　　杨乃珊

宁阳农药厂厂长　　　　　　　　　　　　　　　刘兆泉

山东省农药研究所所长　　　　　　　　　　　　段开忠

鲁南农药股份有限公司董事长兼总经理　　　　　郑诗峰

乐陵农药厂厂长　　　　　　　　　　　　　　　张绍贵

济宁化工实验厂厂长　　　　　　　　　　　　　李祥鹤

青岛第二农药厂厂长　　　　　　　　　　　　　赵悦臻

理事:

山东省化工厅炼化处处长　　　　　　　　　　　王廷玺

山东省化工厅炼化处主任工程师　　　　　　　　姚洪本

山东农药工业股份有限公司董事长兼总经理　　　陈国营

青岛农药厂厂长　　　　　　　　　　　　　　　杨乃珊

宁阳农药厂厂长　　　　　　　　　　　　　　　刘兆泉

济宁化工实验厂厂长　　　　　　　　　　　　　李祥鹤

高密农药厂厂长　　　　　　　　　　　　　　　李合法

东都农药厂厂长　　　　　　　　　　　　　　　张宪廷

平度农药厂厂长　　　　　　　　　　　　　　　任晓珍

山东海阳农药厂副厂长　　　　　　　　　　　　王厚文

青岛第二农药厂厂长　　　　　　　　　　　　　赵悦臻

乐陵农药厂厂长	张绍贵
德州农药厂副厂长	张洪德
鲁南农药股份有限公司董事长兼总经理	郑诗峰
邹平农药股份有限公司董事长兼总经理	孙 琳
山东省农药研究所所长	段开忠
淄博周村农药厂厂长	李学华
淄博博山农药厂副厂长	于正德
高密化工厂副厂长	韩金庆
山东省化工厅炼化处主任科员	许 辉
山东农药工业股份有限公司综合计划处处长	杜锡恩

团体会员：

山东省化工厅炼化处

青岛农药厂

山东农药工业股份有限公司

宁阳农药厂

济宁化工实验厂

东都农药厂

高密市农药厂

高密市化工厂

菏泽农药厂

海阳农药厂

鲁南农药股份有限公司

德州农药厂

邹平农药股份有限公司

乐陵农药厂

山东省农药研究所

周村农药厂

博山农药厂

青岛第二农药厂

平度市农药厂

泗水县农药厂

招远三联化工厂

禹城市农药厂

山东绿野化学有限公司

山东中石化工有限公司

山东四达科技开发集团公司

烟台市京蓬农药厂
淄博新华化工股份有限公司
山东恒利达化学品公司
潍坊市坊子农药厂
泰安市丰田化学品厂
成武县农药厂
威海市农药厂［山农协字（1996）5号文，1996年11月15日批准加入］

山东省农药工业协会第二届理事会名录

理事长：

山东农药工业股份有限公司董事长兼总经理	耿佃杰

副理事长：

山东华阳农药化工集团有限公司	刘兆泉
山东省联合农药工业有限公司	许　辉
青岛双收农药集团股份公司	赵悦臻
青岛农药厂	高荫棪

秘书长：

山东省联合农药工业有限公司	许辉（兼）

副秘书长：

马明科　刘子刚

理事：

山东省联合农药工业有限公司	许　辉
山东农药工业股份有限公司	耿佃杰
青岛农药厂	高荫棪
青岛双收农药集团股份公司	赵悦臻
山东乐陵农药厂	丁凤岐
（乐陵和乐化工有限责任公司）	（董成勋）
德州农药厂	宋建军
山东省农药研究所	段开忠（李德军）
山东华阳农药化工集团有限公司	刘兆泉
（华阳科技股份有限公司）	（郭前玉）
山东省高密农药化工总厂	李丛善
山东鲁南农药股份有限公司	郑诗峰
淄博丰叶农药股份有限公司	李学华
（山东周村穗丰农药化工有限公司）	（张星）
济宁化工实验厂	李祥鹤
山东绿野化学有限公司	李学士
（山东胜邦绿野化学有限公司）	（雷宪军）
山东中石化工有限公司	周保东（周庆龙）
烟台京蓬股份有限公司	张天良
山东恒利达化学品公司	刘树彬（贾元安）
东都农药厂	郭永明（邵泽德）

团体会员：

山东省联合农药工业有限公司

山东农药工业股份有限公司

国营青岛农药厂

青岛双收农药集团股份公司

山东乐陵农药厂

德州农药厂

山东省农药研究所

山东宁阳农药化工集团有限公司

山东省高密市农药化工总厂

山东省鲁南农药股份有限公司

淄博丰叶农药股份有限公司

济宁化工实验厂

山东绿野化学有限公司

山东中石化工有限公司

烟台市京蓬农药厂

山东恒利达化学品公司

东都农药厂

平度农药厂

海阳农药厂

邹平农药股份有限公司

博山农药厂

菏泽农药厂

泗水县农药厂

招远三联化工厂

禹城市农药厂

山东四达科技开发集团公司（三荣化学品）

淄博新华化工股份有限公司

潍坊坊子农药厂

泰安丰田农药化学品厂

成武县农药厂

威海农药厂

山东临沂化联公司

济南安平制药有限公司（齐鲁制药平阴分厂）

山东省胶南市农药厂（山东青岛农冠公司）

山东兖州中草药农药厂

德州天邦农化有限公司

山东省淄博市簧阳化工厂
山东农科院植保所新农药中试厂
莒县化工厂
山东省栖霞县化工厂
山东省济南科海有限公司
中化山东进出口集团海阳精细化工厂
日照市工业学校试验化工厂
山东省国营滨州第二化工厂
济南东合化工有限公司

山农协字（2000）4号文，2000年6月14日批准以下8个单位为团体会员单位：

滨州侨昌有限公司

济南绿霸化学品公司

山东省鄄城九洲农药化工有限公司

山东菏泽曹达实验化工厂

烟台万润精细化工有限公司

青岛东生药业有限公司

青岛海利尔药业有限公司

山东惠民聚酯制瓶厂

山东省农药工业协会第三届理事会名录

理事长：

山东省联合农药工业有限公司	许　辉

副理事长：

山东大成农药股份有限公司	耿佃杰
山东华阳科技股份有限公司	郭前玉
山东胜邦鲁南农药有限公司	郑诗峰
青岛碱业股份有限公司双收农药分公司	孙新德

秘书长：

山东省联合农药工业有限公司	马明科

副秘书长：

山东大成农药股份有限公司	刘子刚
山东华阳科技股份有限公司	杨希坤
山东省联合农药工业有限公司	张　昊

常务理事：

山东省联合农药工业有限公司	许　辉
山东大成农药股份有限公司	耿佃杰
山东华阳科技股份有限公司	郭前玉
滨州侨昌有限公司	任立生
青岛碱业股份有限公司双收农药分公司	孙新德
山东胜邦鲁南农药有限公司	郑诗峰
济宁圣城化工实验有限责任公司	马承启
山东胜邦绿野化学有限公司	雷宪军
青岛海利尔药业有限公司	葛尧伦
山东省农药研究所	李德军
山东农业大学农药系	王开运
山东京蓬生物药业股份有限公司	张天良
乐陵市和乐农药化工有限责任公司	董成勋

理事：

山东省联合农药工业有限公司	许　辉
山东省鲁化生产力促进中心	刘树彬
山东大成农药股份有限公司	耿佃杰
山东华阳科技股份有限公司	郭前玉
滨州侨昌有限公司	任立生
青岛碱业股份有限公司双收农药分公司	孙新德

山东胜邦鲁南农药有限公司	郑诗峰
山东京蓬生物药业股份有限公司	张天良
山东胜邦绿野化学有限公司	雷宪军
青岛海利尔药业有限公司	葛尧伦
山东高密康丰农化有限公司	李丛善
青岛阳光农药厂	席作祥
博兴县科农化工有限公司	王现全
济宁圣城化工实验有限责任公司	马承启
山东聊城东昌农药有限公司	周保东
淄博市周村穗丰农药化工有限公司	张　星
招远三联化工厂	陈松海
德州恒东农药化工有限公司	宋建军
威海市农药厂	王玉亭
山东京博农化有限公司	马韵升
乐陵市和乐农药化工有限责任公司	董成勋
山东省农药研究所	李德军
山东农业大学农药系	王开运
山东省农业仿生应用工程技术研究中心	孟昭礼
国营青岛农药厂	范光明
山东九州农药有限公司	李希波
济南绿霸化学品有限责任公司	赵　焱
山东阳谷中石药业有限公司	周庆龙
山东恒利达化学品公司	贾元安

山东省农药工业协会第四届理事会名录

理事长：

山东省联合农药工业有限公司	许　辉

副理事长：

山东大成农药股份有限公司	许　伟
山东华阳科技股份有限公司	韩畅巨
滨州侨昌有限公司	任立生
青岛碱业股份有限公司双收农药分公司	孙新德
山东胜邦鲁南农药有限公司	郑诗峰
青岛海利尔药业有限公司	葛尧伦
济南绿霸化学品有限公司	赵　焱
德州恒东农药化工有限公司	宋建军
青岛瀚生生物科技股份有限公司	郭前玉

秘书长：

张　昊

副秘书长：

岳炳章　陈佰华　张平南

常务理事：

山东省联合农药工业有限公司	许　辉
山东大成农药股份有限公司	许　伟
山东华阳科技股份有限公司	韩畅巨
滨州侨昌有限公司	任立生
青岛碱业股份有限公司双收农药分公司	孙新德
山东胜邦鲁南农药有限公司	郑诗峰
山东省农药研究所	李德军
山东胜邦绿野化学有限公司	雷宪军
青岛海利尔药业有限公司	葛尧伦
山东京博农化有限公司	马韵升
山东农业大学农药系	王开运
山东京蓬生物药业股份有限公司	张天良
博兴县科农化工有限公司	王现全
德州恒东农药化工有限公司	宋建军
济南绿霸化学品有限责任公司	赵　焱
滨州农药厂	黄延昌
青岛瀚生生物科技股份有限公司	郭前玉

| 济宁圣城化工实验有限责任公司 | 马承启 |
| 威海市农药厂 | 王玉亭 |

理事：

山东省联合农药工业有限公司	许　辉
山东大成农药股份有限公司	许　伟
山东华阳科技股份有限公司	韩畅巨
青岛碱业股份有限公司双收农药分公司	孙新德
山东胜邦鲁南农药有限公司	郑诗峰
山东胜邦绿野化学有限公司	雷宪军
滨州侨昌有限公司	任立生
山东京蓬生物药业股份有限公司	张天良
山东省鲁化生产力促进中心	刘树彬
山东省农药研究所	李德军
山东农业大学农药系	王开运
济南绿霸化学品有限责任公司	赵　焱
青岛海利尔药业有限公司	葛尧伦
济宁圣城化工实验有限责任公司	马承启
青岛瀚生生物科技股份有限公司	郭前玉
山东润丰化工有限公司	王文才
威海市农药厂	王玉亭
德州恒东农药化工有限公司	宋建军
山东神星农药有限公司	张怀智
青岛好利特生物农药有限公司	贾学杰
博兴县科农化工有限公司	王现全
山东聊城东泰农药有限公司	周保东
淄博市周村穗丰农药化工有限公司	张　星
招远三联化工厂	陈建和
山东京博农化有限公司	马韵升
乐陵市和乐农药化工有限责任公司	刘唱勇
山东省农业仿生应用工程技术研究中心	孟昭礼
菏泽力邦化工有限公司	刘　昕
菏泽曹达化工有限公司	邵珠鹏
山东阳谷中石药业有限公司	周庆龙
山东恒利达化学品公司	贾元安
滨州农药厂	黄延昌
山东齐发药业有限公司	刘书江

山东省农药工业协会第五届理事会名录

理事长：

山东省联合农药工业有限公司	许　辉

顾问：

王开运　刘树彬　曹树球

副理事长：

山东大成农药股份有限公司	许　伟
山东华阳科技股份有限公司	闫新华
山东侨昌化学有限公司	任立生
山东胜邦鲁南农药有限公司	郑诗锋
青岛海利尔药业有限公司	葛尧伦
济南绿霸化学品有限责任公司	赵　焱
山东田丰生物科技有限公司	宋建军
青岛瀚生生物科技股份有限公司	郭前玉
山东潍坊润丰化工有限公司	王文才
山东滨农科技有限公司	黄延昌
青岛农业大学	李宝笃
山东胜邦绿野化学有限公司	邓永宝

秘书长：

张　昊

副秘书长：

张平南　岳炳章　李勇刚

常务理事：

山东省联合农药工业有限公司	许　辉
山东大成农药股份有限公司	许　伟
山东华阳科技股份有限公司	闫新华
山东侨昌化学有限公司	任立生
山东胜邦鲁南农药有限公司	郑诗锋
青岛海利尔药业有限公司	葛尧伦
济南绿霸化学品有限责任公司	赵　焱
山东田丰生物科技有限公司	宋建军
青岛瀚生生物科技股份有限公司	郭前玉
山东潍坊润丰化工有限公司	王文才
山东滨农科技有限公司	黄延昌

青岛农业大学	李宝笃
山东胜邦绿野化学有限公司	邓永宝
山东省农药研究所	李德军
山东京博农化有限公司	马韵升
山东先达化工有限公司	王现全
威海韩孚生化药业有限公司	王玉亭
山东力邦化工有限公司	刘　昕
山东寿光双星农药有限公司	褚爱玲
招远三联化工厂	陈建和

理事：

青岛双收农药化工有限公司	范光明
山东京蓬生物药业股份有限公司	张　毅
济宁圣城化工实验有限责任公司	戴国明
山东东泰农化有限公司	周保东
山东齐发药业有限公司	刘书江
山东中石药业有限公司	周庆龙
淄博市周村穗丰农药化工有限公司	张　兴
山东恒利达生物科技公司	贾元安
山东曹达化工有限公司	邵珠鹏
山东神星药业有限公司	张怀智
淄博新农基农药化工有限公司	邵长禄
龙口市化工厂	山广利
青岛好利特生物农药有限公司	贾学杰
山东志诚化工有限公司	周志方
山东胜利生物工程有限公司	马景武

山东省农药工业协会第六届理事会名录

名誉理事长：

王深鹏（滨海开发区工委副书记）

理事长：

山东中农联合生物科技有限公司	许　辉

副理事长：

山东大成农药有限公司	滕　军
山东华阳农药化工集团有限公司	闫新华
山东滨农科技有限公司	黄延昌
山东侨昌化学有限公司	任立生
青岛海利尔药业有限公司	葛尧伦
山东绿霸化工股份有限公司	赵　焱
山东胜邦绿野化学有限公司	孔凡亭
青岛瀚生生物科技股份有限公司	郭前玉
山东潍坊润丰化工股份有限公司	孙国庆
山东省农药研究所	李德军
山东先达农化股份有限公司	王现全
山东科赛基农控股有限公司	王　铭
威海韩孚生化药业有限公司	王玉亭

秘书长：

张昊

副秘书长：

侯常青　张平南　李　华　葛大鹏

常务理事：

山东中农联合生物科技有限公司	许　辉
山东大成农药股份有限公司	滕　军
山东华阳农药化工集团有限公司	闫新华
山东滨农科技有限公司	黄延昌
山东侨昌化学有限公司	任立生
青岛海利尔药业有限公司	葛尧伦
山东绿霸化工股份有限公司	赵　焱
山东胜邦绿野化学有限公司	孔凡亭
青岛瀚生生物科技股份有限公司	郭前玉
山东潍坊润丰化工股份有限公司	孙国庆

山东省农药研究所	李德军
山东先达农化股份有限公司	王现全
山东科赛基农控股有限公司	王　铭
威海韩孚生化药业有限公司	王玉亭
京博农化科技股份有限公司	杨睿波
山东农业大学	姜　林
青岛农业大学	曲宝涵
山东力邦化工有限公司	刘　昕
山东潍坊双星农药有限公司	褚爱玲
招远三联化工厂	陈建和
淄博市农药工业协会	赵仁全
潍坊市农药工业协会	刘传林
山东科源化工有限公司	曲江升
山东曹达化工有限公司	邵珠鹏
山东润源国际贸易有限公司	王文才
山东神星药业有限公司	张怀智
淄博新农基农药化工有限公司	邵长禄
山东东泰农化有限公司	周保东

理事：

山东胜邦鲁南农药有限公司	蒋念勇
青岛双收农药化工有限公司	范光明
山东京蓬生物药业股份有限公司	张　毅
济宁圣城化工实验有限责任公司	朱福志
山东齐发药业有限公司	刘书江
山东中石药业有限公司	周庆龙
淄博市周村穗丰农药化工有限公司	张　兴
山东恒利达生物科技有限公司	刘　义
龙口市化工厂	山其英
青岛好利特生物农药有限公司	贾学杰
山东胜利生物工程有限公司	王向前
青岛金尔农化研制开发有限公司	王从爱
山东一松科技有限公司	孙亦松
山东科大创业生物有限公司	韩学军
菏泽北联农药制造有限公司	南文乾
济南仕邦农化有限公司	高祥文
山东绿丰农药有限公司	邵防修
山东兆丰年生物科技有限公司	李锡赞

公司	负责人
德州绿霸精细化工有限公司	索存川
山东中农民昌化学工业有限公司	李　华
山东省绿士农药有限公司	纪乐光
济南绿邦化工有限公司	王云辉
山东玉成农化有限公司	吕玉成
烟台科达化工有限公司	宋国江
济南中科绿色生物工程有限公司	刘成民
青岛中达农业科技有限公司	栾守业
淄博华鼎化工设备制造有限公司	崔　浩
山东澳得利化工有限公司	刘子文
山东天成生物科技有限公司	姬文龙
山东禾宜生物科技有限公司	孙海亮
山东省华阳和乐农药有限公司	董成勋
江苏龙灯博士摩材料有限公司	陈金春

山东省农药工业协会第七届理事会名录

理事长：

山东滨农科技有限公司	黄延昌

监事会监事长：

山东华阳农药化工集团有限公司	闫新华

副理事长：

山东绿霸化工股份有限公司	赵　焱
海利尔药业集团股份有限公司	葛家成
青岛瀚生生物科技股份有限公司	郭前玉
山东潍坊润丰化工股份有限公司	孙国庆
山东科赛基农控股有限公司	王　铭
山东先达农化股份有限公司	王现全
京博农化科技有限公司	杨睿波
山东中农联合生物科技有限公司	肖昌海
山东省农药科学研究院	李德军

监事会监事：

山东侨昌化学有限公司	何志宇
山东胜邦绿野化学有限公司	董爱平
山东大成农化有限公司	黄建军
威海韩孚生化药业有限公司	王玉亭

秘书长：

张昊

副秘书长：

侯常青　李　华　李树柏　刘元强　罗　娜

常务理事：

山东滨农科技有限公司	黄延昌
山东绿霸化工股份有限公司	赵　焱
海利尔药业集团股份有限公司	葛家成
青岛瀚生生物科技股份有限公司	郭前玉
山东潍坊润丰化工股份有限公司	孙国庆
山东科赛基农控股有限公司	王　铭
山东先达农化股份有限公司	王现全
京博农化科技有限公司	杨睿波
山东中农联合生物科技有限公司	肖昌海
山东省农药科学研究院	李德军

招远三联化工厂有限公司	赵桂东
山东埃森化学有限公司	杜华平
山东亿嘉农化有限公司	褚爱玲
山东力邦化工有限公司	刘　昕
山东曹达化工有限公司	邵珠鹏
山东科源化工有限公司	曲江升
山东东泰农化有限公司	周保东
淄博新农基作物科学有限公司	邵长禄
山东齐发药业有限公司	王守奎
山东绿丰农药有限公司	邵防修
山东中石药业有限公司	周庆龙
山东中科绿色生物工程有限公司	刘成民
龙口市化工厂	山其英
济南仕邦农化有限公司	高祥文

理事：

青岛农业大学	曲宝涵
山东农业大学	姜　林
淄博市农药工业协会	杜海明
潍坊市农药工业协会	刘传林
滨州市石油化学工业协会	高树成
山东京蓬生物药业股份有限公司	张　毅
淄博市周村穗丰农药化工有限公司	张　兴
山东恒利达生物科技有限公司	刘　义
青岛好利特生物农药有限公司	贾学杰
青岛金尔农化研制开发有限公司	王从爱
山东科大创业生物有限公司	韩学军
菏泽北联农药制造有限公司	南文乾
山东兆丰年生物科技有限公司	李锡赞
德州绿霸精细化工有限公司	索存川
山东中农民昌化学工业有限公司	李　华
山东省绿士农药有限公司	纪乐光
山东绿邦作物科学股份有限公司	王云辉
山东玉成生化农药有限公司	吕玉成
青岛中达农业科技有限公司	栾守业
山东澳得利化工有限公司	刘子文
山东禾宜生物科技有限公司	孙海亮
江苏龙灯博士摩包装材料有限公司	陈金春

山东邹平农药有限公司	石　岩
青岛清原农冠抗性杂草防治有限公司	连　磊
青岛海纳生物科技有限公司	谭晓辉
山东科信生物化学有限公司	左伯军
淄博美田农药有限公司	李永刚
山东乐邦化学品有限公司	任洪华
山东省长清农药厂有限公司	张锡金
济南天邦化工有限公司	丁绍武
乳山韩威生物科技有限公司	杨孟森
山东新势立生物科技有限公司	周智虎
山东邹平绿大药业有限公司	尹兆忠
青岛星牌作物科学有限公司	潘成国

山东省农药行业协会第八届理事会名录

理事长：

山东中农联合生物科技股份有限公司	许　辉

监事会监事长：

山东华阳农药化工集团有限公司	闫新华

副理事长：

山东省农药行业协会	张　昊（兼秘书长）
山东潍坊润丰化工股份有限公司	孙国庆
山东滨农科技有限公司	侯立国
山东绿霸化工股份有限公司	赵　焱
海利尔药业集团股份有限公司	葛家成
青岛瀚生生物科技股份有限公司	郭前玉
山东科赛基农控股有限公司	王　铭
京博农化科技有限公司	成道泉
山东先达农化股份有限公司	王现全
山东胜邦绿野化学有限公司	王　政

监事会监事：

侨昌现代农业有限公司	沈晓峰
威海韩孚生化药业有限公司	王玉亭
山东大成生物化工有限公司	姚银娟

秘书长：

张昊

常务理事：

招远三联化工厂有限公司	赵桂东
山东亿嘉农化有限公司	褚爱玲
山东力邦化工有限公司	刘　昕
山东科源化工有限公司	曲江升
山东东泰农化有限公司	周保东
淄博新农基作物科学有限公司	邵长禄
山东齐发药业有限公司	王守奎
山东中石药业有限公司	周庆龙
济南中科绿色生物工程有限公司	刘成民
龙口市化工厂	山其英
济南仕邦农化有限公司	高祥文

山东恒利达生物科技有限公司	刘义
青岛金尔农化研制开发有限公司	王从爱
青岛清原农冠抗性杂草防治有限公司	庄润青
山东兆丰年生物科技有限公司	李锡赞
山东省绿士农药有限公司	纪乐光
山东绿邦作物科学股份有限公司	王云辉
山东邹平农药有限公司	石岩
济南天邦化工有限公司	丁绍武
山东亿盛实业股份有限公司	龚伟
山东康乔生物科技有限公司	李先江
山东埃森化学有限公司	吴大银

理事：

联化科技（德州）有限公司	郎玉成
德州绿霸精细化工有限公司	索存川
山东曹达化工有限公司	邵珠鹏
山东源丰生物科技有限公司	孟保国
淄博市周村穗丰农药化工有限公司	张兴
山东中新科农生物科技有限公司	王世辉
青岛好利特生物农药有限公司	贾学杰
山东科大创业生物有限公司	韩学军
菏泽北联农药制造有限公司	南文乾
山东大农药业有限公司	何峰
沾化国昌精细化工有限公司	陈延刚
青岛中达农业科技有限公司	栾守业
山东澳得利化工有限公司	刘子文
江苏龙灯博士摩包装材料有限公司	陈金春
青岛海纳生物科技有限公司	谭晓辉
山东科信生物化学有限公司	李永新
淄博美田农药有限公司	李永刚
山东乐邦化学品有限公司	任洪华
山东省长清农药厂有限公司	张锡金
乳山韩威生物科技有限公司	杨孟森
山东新势立生物科技有限公司	周智虎
山东邹平绿大药业有限公司	尹兆忠
青岛星牌作物科学有限公司	潘成国
济南一农化工有限公司	倪锋

山东绿丰农药有限公司	任梦星
山东麒麟农化有限公司	王海峰
山东圣鹏科技股份有限公司	魏来忠
齐鲁晟华制药有限公司	任建海
青岛润农化工有限公司	袁良国
济宁高新技术开发区永丰化工厂	王书平

走在前列的山东农药

附录

山东省农药行业大事记

1947 年

1947 年 3 月，在胶东解放区创建的玲珑农药厂开始了山东省农药的生产。

1947 年 5 月，该厂划归胶东农场领导，改名为农药研究组，研制土农药花生油乳剂、石灰硫黄合剂等。

1948 年

1948 年 10 月，胶东行政公署在胶东牙前县古现村（现为海阳市古现村）成立胶东农化研究室。

1949 年

1949 年初，胶东农化研究室利用土产萤石、石英等矿产试制氟化钠获得成功，以后又成功试制氟化铁、氟化钾。

1949 年 6 月，青岛解放后，胶东农化研究室迁至青岛，开始生产无机农药杀虫剂氟化钠。

1949 年 10 月 1 日，以胶东农化研究室为基础在青岛建立胶东农药厂。

1950 年

1950 年 1 月，胶东农药厂改属山东省实业厅，改称山东省农药制造厂，开始批量生产氟化钠等农药。

1951 年

1951 年 4 月，山东省农药制造厂在国内首先试制粮食熏蒸剂氯化苦成功。

1951 年 5 月，山东省农药制造厂迁址张店建立新厂。

1952 年

1952 年 1 月，山东省农药制造厂主要生产车间和厂部迁往新建的张店农药厂，厂名为华东农林部张店农药厂，青岛原厂成为其分厂。

1953 年

1953 年 1 月，农业部拟制定各农药厂五年（1953—1957）基本建设计划。

1953 年，张店农药厂由华东农林部转山东省工业厅领导，厂名改为山东省工业厅农药厂。

1953 年，青岛分厂开展技术革新活动，生产出纯品氟化钠，并将年产量扩大到 778 吨。

1956 年

1956 年 4 月，青岛农药厂正式成立，隶属青岛市轻工业局。

1957 年

1957 年，全省农药产量 3828 吨。

1958 年

1958 年 1 月，胶县农药厂建立，开始土法加工生产 1% 六六六粉剂。

1958 年，山东省工业厅农药厂下放淄博市领导，厂名定为张店农药厂。

1958 年 7 月，张店农药厂开始生产有机氯农药六六六和有机磷农药敌百虫原粉。

1958 年，青岛农药厂氟化钠年产量增至 2389 吨，为历史最高水平。

1958年5月，经山东省重工业厅批准，筹建济宁市农药厂。次年5月，六六六粉剂投产，最高日产量30余吨。

1959年

1959年，中国人民解放军空军○○三部队建立五七农药厂（周村农药厂前身）。

1960年

1960年，胶县农药厂投产6%可湿性六六六粉剂。

1960年，全省农药企业发展到13家，产品增加到15种，产量达到4453吨。

1961年

1961年3月6日，化工部、农业部、商业部联合颁发32种化学农药暂行标准，作为生产、使用、经销部门验收农药产品质量的依据。这是我国自己制定的第一批化学农药产品标准。

1961年，全省农药企业亏损175万元。

1962年

1962年，全省农药产量降至939吨。

1962年，青岛农药厂并入青岛肥料厂，仍以生产农药为主，1964年独立为青岛农药厂。投产25%滴滴涕乳油，年产能力1000吨，投产后很快成为当时的主要农药品种。

1963年

1963年，张店农药厂敌百虫被国家经委评为全国质量第一名。

1963年，农业部农药检定所建立，承担我国农药登记管理工作，主要职责是负责农药登记管理、质量检测、生物测定、残留监测等工作。

1964年

1964年9月，张店农药厂开始生产有机磷农药敌敌畏乳剂。

1965年

1965年3月，张店农药厂开始生产有机磷农药乐果乳剂。1965年底，临沂县农药厂在傅庄村西建立，当时只产六六六农药粉剂，生产工艺比较落后，年产2000吨。

1966年

1966年，济南军区后勤部五七农药厂在山东省新泰市东都开工建设。

1966年，济宁化工实验厂建立，1966年磷化铝产量为27吨。

1966年4月，德州市化工实验厂建成，开始生产1%六六粉、敌敌畏、乐果、马拉硫磷、甲胺磷、杀虫双等。

1966年9月，山东省化学工业公司农药研究所成立，挂靠于张店农药厂。"文革"期间，大部分职工被安排至张店农药厂车间工作，科研一度中断。

1966年10月，六六六粉剂车间从宁阳县石油化工厂分出，扩建为宁阳县农药厂。

1966年，胶县农药厂开始生产5%滴滴涕粉剂和25%敌百虫粉剂。

1967年

1967年，胶县农药厂开始生产50%可湿性退菌特粉剂。

1967年7月，乐陵县革委决定筹建化工实验厂，向省申请资金50万元、钢材45吨，在原县机械厂筹建糠醛车间，改建车间生产乙基1605（含量50%），设计能力年产500吨。

1967年8月，化工部核留外汇小组投资73万元，在宁阳县农药厂筹建年产2500吨的甲基1605乳剂配制车间。

1967年，菏泽县在侯店水力发电站原址筹建菏泽农药厂。

1968年

1968年7月，张店农药厂开始生产有机氯农药滴滴涕。

1968年9月，化工部核留外汇小组投资135万元，在宁阳县农药厂筹建年产1000吨的甲基1605原油生产车间。

1968年10月，菏泽农药厂迁至双河集大桥北侧，占地面积7000平方米。

1968年，德州市化工实验厂更名为德州农药厂，为全民所有制企业。

1969年

1969年，胶县农药厂从天津农药试验厂引进福美胂生产技术，1970年正式投产。

1969年，在张店农药厂协助下，济南军区五七农药厂建成敌百虫、敌敌畏生产装置。

1969年5月，乐陵县化工实验厂改称为山东省乐陵农药厂，对硫磷首先投产。

1970年

1970年1月18日，济南军区五七农药厂建成投产，杨得志司令员参加开工剪彩仪式，当年生产敌敌畏653吨。

1970年，临沂农药厂在涑河公社红埠寺村东建设的苏化203原料车间投产，因是一种剧毒农药，省内只限于该厂一家生产，设计年产2000吨，当年生产含量40%的苏化203乳剂140余吨，其成为防治水稻虫害的主要农药品种。

1971年

1971年，胶县农药厂投产40%可湿性福美胂粉剂。

1971年8月，因汞制剂残留问题未解决，国务院决定停止汞制剂生产。

1971年11月，青岛农药厂与南开大学元素有机化学研究所合作，研制开发出农药新品种久效磷小试样品，属国内首创。

1971年11月，由山东化工厅投资80万元，海阳县农药厂建立。

1971年，长清县化工厂（长清农药厂前身）建成。

1972年

1972年11月，周村农药厂从周村织毯厂划出重建。

1972年，山东省化学工业公司农药研究所职工陆续从农药厂回到原工作岗位，科研工作重新起步。

1973年

1973年，全省农药企业发展到16家，产品增至24种，产量突破万吨。

1973年，青岛农药厂生产滴滴涕原粉达到185吨，产品质量优越，对位体含量达74%以上。

1973 年，生产癸二酸的长清化工厂转产农药杀螟松，山东省化工厅投资 373 万元建成年产 500 吨杀螟松生产车间。

1974 年

1974 年，临沂农药厂新上年产 300 吨的甲基对硫磷装置，当年生产原药 20 吨。

1974 年 11 月，高密县农药厂建成投产，为全民所有制企业，生产 25% 亚胺硫磷乳油。

1974 年，长清化工厂改名长清农药厂。

1974 年，全省农药企业亏损 595 万元。

1975 年

1975 年，临沂农药厂建成全密封六六六农药粉剂加工车间，设计年产能力 1.2 万吨，加工农药的细度和车间防尘除尘水平，当时在全国数一流。

1976 年

1976 年 1 月，济南军区五七农药厂移交泰安地区化学工业局，更名为"东都农药厂"。

1976 年 1 月，高密农药厂改产 50% 亚胺硫磷。

1976 年，胶县农药厂投产从沈阳农药厂引进的倍硫磷，设计能力年产 200 吨（50% 乳油），投产当年生产 3074 吨。

1976 年，周村农药厂与山东农学院（现山东农业大学）协作，以煤矸石为载体，采用吸附法成功试制辛硫磷颗粒剂。

1977 年

1977 年，青岛农药厂与南开大学元素有机化学研究所协作研制的有机磷农药久效磷，经过中试投入生产。其开发技术系国内首创，获 1978 年"全国科学大会奖"。

1977 年，德州农药厂马拉硫磷装置建成投产。

1977 年，海阳农药厂建成的乐果合成装置投入生产。

1978 年

1978 年 4 月 1 日，省革委化学石油工业局在张店恢复山东省农药研究所，山东省化学工业公司农药研究所更名为"山东省农药研究所"。1979 年开始在济南选址建所。

1978 年，青岛农药厂在全国马拉硫磷同行业评比中获得优胜第一名。敌百虫原粉，1978 年为最高生产年份，产量达到 1504 吨。

1978 年，全省农药生产增长较快，先后投产了久效磷、杀螟松、倍硫磷、异丙磷、甲胺磷等新品种，农药产量达到 1.54 万吨。

1978 年 11 月 1 日，国务院批转《关于加强农药管理工作的报告》，要求由农林部负责审批农药新品种的投产和使用，复审农药老品种，审批进出口农药品种，督促检查农药质量和安全合理用药；恢复建立农药检定所，负责具体工作。

1979 年

1979 年 4 月，由化工部、全国供销合作总社主持召开的全国农药生产现场会在临沂农药厂召开。

1979年5月，胶县农药厂引进武汉华中师范学院研制成功的水胺硫磷（40%乳油）小试成果，并与其合作进行中试。

1980年

1980年，青岛农药厂生产六六六原粉5286吨，为历史最高产量。

1980年，临沂农药厂建成辛硫磷生产装置，当年生产80吨。临沂农药厂是全国唯一出口辛硫磷的企业，年出口量50吨左右，主要销往泰国、阿根廷等国家。

1981年

1981年，胶县农药厂从武汉华中师范学院引进40%甲基异柳磷乳剂小试成果，1982年与其合作完成中试，形成100吨产能的中试规模。

1981年，山东省化工厅农药及中间体产品质量监督检验中心成立。

1982年

1982年，济宁化工实验厂生产的"保粮"牌磷化铝获国家银质奖。

1982年，德州农药厂成功研制杀虫双水剂，成为主导产品，当年生产17.5吨。在南开大学元素有机化学研究所协助下，进行易卫杀中试。

1982年，乐陵农药厂在中国科学院动物研究所协助下，试制成功了增效磷。

1982年4月10日，农业部、林业部、化工部、商业部、国务院环境保护领导小组颁布《农药登记规定》，并发布了《农药登记资料要求》。

1982年，东都农药厂建成甲基硫环磷装置并投产。

1982年，胶县农药厂从山东新华制药厂引进水杨酸，1985年，年产375吨水杨酸车间正式投产。

1983年

1983年3月，根据国务院决定，停止六六六、滴滴涕的生产和使用。1983年4月1日起在全省停止生产有机氯农药六六六和滴滴涕。

1983年，临沂农药厂试制成功的辛硫磷微胶囊悬浮剂，系国内首创的一种高效缓释剂，施用残留期长达70天，年产40~50吨。

1983年9月，山东省农药研究所整体搬迁至济南，进入独立发展阶段。

1983年，济宁化工实验厂与济宁市化工研究所、南开大学元素有机化学研究所协作，开始试制涕灭威，翌年完成中试并通过技术鉴定。

1983年，张店农药厂三氯化磷生产能力达到3500吨，实际产量4006吨。

1983年，黄县化工厂创建（龙口化工厂前身）。

1984年

1984年8月，胶县农药厂更名为青岛第二农药厂。

1984年9月，张店农药厂生产的"植保"牌敌百虫原粉获国家银质奖。

1984年，青岛第二农药厂经国家经委、财政部批准，在中试规模基础上，建设年产500吨甲基异柳磷生产车间，包括新建甲基异柳磷中间体二氯化物车间和利用老厂房改建的酯化合成车间。

1984年，青岛第二农药厂生产水胺硫磷852吨，为历史最高生产年份。

1984年，海阳农药厂采用四川省化工研究所技术建成粉锈宁生产装置。

1984年，在淘汰了六六六和滴滴涕两个大吨位农药品种后，全省农药产量为1.18万吨。

1985年

1985年，高密农药厂建成多菌灵生产装置。

1985年，青岛第二农药厂研制成功的甲基异柳磷农药，获国家科技进步二等奖。

1985年，青岛农药厂成功研制的植物生长调节剂助壮素，获国家科技进步三等奖。

1985年，村集体所有制企业招远三联化工厂成立。

1985年，张店农药厂三氯化磷生产能力达7000吨，实际产量为4116吨。

1985年3月30日，张店农药厂改名为山东农药厂。

1986年

1986年，宁阳县农药厂100%敌鼠钠盐、克线磷产品投入生产。

1986年，济宁化工实验厂在青岛海洋大学小试基础上，开始建设年产100吨灭多威生产装置。

1987年

1987年9月，济宁化工实验厂生产的"保粮"牌磷化铝片剂再次获得国家银质奖。

1987年，山东齐发药业有限公司开始筹建，名为齐鲁制药厂平阴分厂。

1987年，海阳农药厂采用沈阳化工研究院技术建设年产100吨（实物）草甘膦装置。

1987年11月，高密农药厂利用生产甲胺磷设备改建300吨久效磷原油生产线，当年生产久效磷30多吨。

1987年，德州农药厂采用南开大学元素有机化学研究所小试技术建成氯磺隆中试装置，1988年进行中试，并列入了国家重点科技攻关项目。

1987年，山东省有国有农药企业13个，生产能力3.5万吨，产量1.58万吨，列于江苏、湖南、浙江、天津之后，居全国第五位。

1988年

1988年，国务院颁布《国务院关于化肥、农药、农膜实行专营的决定》，省政府颁布《关于化肥、农药、农膜实行专营的具体规定的通知》。

1988年2月15日，山东省物价局、山东省石油化学工业厅、山东省供销合作联合社发布《关于化肥、农药实行专营后的价格安排与有关问题的通知》。

1988年9月16日，宁阳县人民政府批复，同意将"山东省宁阳县农药厂"更名为"山东省宁阳农药厂"。

1988年10月25日，淄博市经济体制改革委员会批复成立山东农药工业股份有限公司，成为淄博市首批股份制试点单位。

1988年，青岛第二农药厂开始生产水胺硫磷颗粒剂和甲基异柳磷颗粒剂。

1988年，德州农药厂投产福美胂。

1988年，全省农药产量恢复到1.1万吨，先后研制和投产过70多个农药品种。全

省有农药生产企业 13 家（其中大中型企业 4 家），职工 9471 人。

1989 年

1989 年 1 月 9 日，山东省石油化学工业厅制定《农药产品生产准产证管理办法》。

1989 年，招远三联化工厂与南开大学、烟台农科院联合开发的 20% 三唑锡悬浮剂填补了国内空白，获山东省优秀产品一等奖、化工部科技进步二等奖。

1989 年 1 月 25 日，化工部公布山东农药工业股份有限公司为"全国化工六好企业"。

1989 年 2 月，京蓬生产的第一款农药产品 50% 硫黄悬浮剂面市。

1989 年 3 月，山东省邹平县农药厂成立，年产"清佳"牌 50% 复方多菌灵悬浮剂（50% 硫黄·多菌灵悬浮剂）145 吨。

1989 年 4 月，山东省农药研究所平阴实验厂成立；农药及中间体产品质量监督检验中心首次通过山东省标准计量局计量认证；与中国农药工业协会等单位联合主办的《山东农药信息》创刊。

1989 年 5 月，海阳县农药厂实行承包制，更名为山东省海阳农药厂；同期进行企业扩建，在海阳市凤城镇建立分厂——山东省中化山东进出口集团海阳精细化工厂。

1989 年 6 月，烟台市京蓬农药厂登记注册，张天良任公司总经理。

1989 年 9 月 2 日，济宁化工实验厂改制为济宁圣城化工实验有限责任公司。

1989 年，全省 13 家农药企业，销售收入 557804 千元。

1990 年

1990 年 2 月 4 日，山东省副省长王乐泉等一行 10 人，在市长韩新民、副市长刘建业陪同下到山东农药工业股份有限公司现场办公，并视察了生产车间。

1990 年 6 月 26 日，山东省石油化学工业厅发布《关于加强农药生产准产证发放管理工作的通知》。

1990 年 9 月 25 日，山东省卫生厅、山东省农业厅、山东省石油化学工业厅发布《山东省农药毒性试验暂行管理办法》。

1990 年，全省 13 家农药企业，工业总产值 60855.7 万元，农药产量达到 1.45 万吨，产品涉及 8 大类、36 个品种。

1991 年

1991 年 4 月 8 日，山东农药工业股份有限公司被化工部命名为"化工清洁文明工厂"。

1991 年 4 月，山东齐发药业变电室送电，锅炉点火，正式投产运行。

1991 年 6 月 6 日，化工部批复，同意宁阳农药厂涕灭威项目试车申请报告。

1991 年 6 月 25 日，化工部副部长王珉在淄博市政府、市化工公司领导的陪同下到山东农药工业股份有限公司视察。

1991 年 7 月 12 日，山东农药工业股份有限公司被化工部命名为"节约能源国家一级企业"。

1991 年 12 月，山东绿野集团和香港维斌有限公司合资成立山东绿野化学有限公司。

1991年，全省18家农药企业，工业总产值76296.3万元，其中15家全民所有制企业产值73950.5万元。农药生产能力达28696吨（折百），其中杀虫剂15513吨、杀菌剂1192吨、除草剂6吨、植物生长调节剂270吨。

1992年

1992年，三联化工开发的三唑锡填补了国内空白，当年获山东省优秀新产品一等奖、化工部科技进步三等奖。

1992年7月13日，国务院经济贸易办公室、国家计委、国家统计局、财政局、劳动部、人事部通知，山东农药工业股份有限公司列为大型二档企业。

1992年，化工系统利税前100名企业，山东农药厂以3220万元的利税总额排名70位。

1992年，京蓬药业成功研制低毒高效农药——30%桃小灵乳油，填补了国内空白，获得了国家专利，可替代高毒农药对硫磷，为企业取得较好的经济效益，当年单品销量就达到600吨。

1992年，周村农药厂与山东农业大学签订了联合办厂的协议，用20万元买下了山东农业大学"棉铃宝"农药生产权，并把该厂更名为山东农业大学周村农药实验厂。

1992年，宁阳农药厂开发出新型广谱、高效氨基甲酸酯农药涕灭威、灭多威、仲丁威、异丙威等农药系列新品种。

1993年

1993年，山东东方农药科技实业有限公司成立。4月山东东方化工分析技术公司成立。

1993年4月2日，邹平县农药厂改组为山东邹平农药股份有限公司，公司总股本400万股，每股面值1元，其中国家股230万股，法人股90万股，内部职工股80万股，按1∶1.5溢价发行，其溢价收入列资本公积金，法人代表孙琳。

1993年4月29日，山东省副省长王建功和省经委、省化工厅、省办公厅的领导，在市领导的陪同下到山东农药工业股份有限公司视察，并题词"发展生产，支援农业"。

1993年5月，滨州宏昌实业公司（滨州地区农业局下属企业）与香港中侨科技有限公司合作组建了滨州侨昌有限公司，第一个产品杀虫剂"农友一号"研制成功并投产上市。顺利通过国家农药生产定点审核。

1993年6月24日，上海证券交易所发出承诺书，同意山东农药工业股份有限公司股票在上海证交所上市挂牌交易。

1993年7月29日，化工部副部长谭竹洲、化工司副司长王律先在省化工厅副厅长张希春、淄博市化工公司经理陈勇陪同下到山东农药工业股份有限公司视察。

1993年10月6日，国营青岛农药厂被国家经贸委列入一九九二年度全国大型工业企业名单。

1993年，中外合资淄博丰叶农药有限公司成立。

1993年，山东临沂农药厂在全国农药企业经济效益综合评价中，排名第一。

1993年，胜邦绿野公司"菌毒清"产品获"第二届中国专利新技术产品博览会金奖"。

1993年底，山东省共有农药生产企业143家，其中原药生产企业28家、生物农药生产企业19家、农药加工企业96家；职工3万余人；可生产农药原药品种59个，列全国第二位，年产量2.1万吨，列全国第四位，年产值15亿元，利税1亿元。

1994年

1994年，经山东省编制委员会、山东省质量技术监督局批准，山东省化学农药及中间体产品质量监督检验站成立，与山东省化工厅农药及中间体产品质量监督检验中心为同一机构，主要承担化学农药及中间体的检验任务，同时也是山东省农药标准化技术归口单位。

1994年6月3日，山东省高密县农药厂名称变更为山东省高密市农药厂。

1994年6月22日，农业部、化工部、国内贸易部发布《农药管理条例》（征求意见稿）。

1994年8月12日，国务院颁布《国务院关于改革化肥等农业生产资料流通体制的通知》。

1994年10月，山东省农药工业协会成立。

1994年12月，山东省化学工业厅制定"九五"期间山东省农药行业发展规划（征求意见稿）。

1994年，首届山东省农药（械）信息交流暨展览会举办。

1994年，青岛农药厂与汽巴嘉基公司合资久效磷项目。

1994年12月，邹平农药股份有限公司参与完成"小麦白粉菌生理小种流行因素与防治技术研究"项目，荣获省科技进步一等奖。

1995年

1995年2月，海阳市海丰精细化工有限公司成立。

1995年7月31日，山东省联合农药工业有限公司成立。

1995年，山东齐发药业第一次通过FDA验收。

1995年，胜邦绿野进军除草剂领域，相继推出乙草胺、丁草胺产品。

1995年8月，由山东省化工厅提议，高密市委、市政府决定把化工厂同当时效益不佳的农药厂合并，组建高密市农药化工总厂。1995年，敌敌畏生产规模扩大到年产5000吨，成为山东省敌敌畏生产第二大户。

1995年8月26日，宁阳农药厂1000吨/年涕灭威工业性试验项目建设通过了由国家计委、化工部组织的鉴定和验收。

1995年，滨农科技公司投产杀虫剂，进入农化市场，生产原药，以国外市场为主。

1995年11月11日，中国证监会复审同意山东农药工业股份有限公司社会公众持有的4950万股股票上市交易。12月6日"山东农药"股票在上海证交所上市。

1995年12月26日，国家经贸委、国家计委、统计局、财政部、劳动部、人事部联合通知，确定山东农药工业股份有限公司为大型一档企业。

1995年12月28日，青岛第二农药厂改制为股份制企业，更名为青岛双收农药集团股份有限公司。

1995年，山东省农药工业协会与山东省农药研究所、山东省农药信息中心联合主办了《山东农药信息》。

1995年，山东农业大学植物保护学院慕立义教授主持的"棉铃虫抗药性规律及综合治理研究"获国家科技进步三等奖。

1995年，山东省农药原药产量达到2.79万吨，其中有机磷类农药约占总产量的70%，甲胺磷、久效磷、甲基对硫磷、乙酰甲胺磷等11种产品打入国际市场，年出口量2000吨，创汇800万美元。

1996年

1996年2月，经青岛市经委批准组建青岛双收农药集团股份有限公司。1996年12月7日，托管胶州市化肥厂。

1996年3月，山东农药工业股份有限公司3万吨/年离子膜烧碱工程建成，山东省副省长韩寓群视察。

1996年3月，济南科海有限公司成立。

1996年3月27日，中华人民共和国化学工业部发布《关于加强农药行业管理的有关规定》。

1996年，山东省财政厅、科技厅共同投资在山东省农药研究所建立山东省化学农药重点实验室。

1996年5月9日，山东省计划委员会、山东省经济委员会、山东省石油化学工业厅转发化工部《关于加强农药行业管理的有关规定》。

1996年6月，烟台海光化工药业有限公司组建成立。

1996年6月21日，以宁阳农药厂为核心，组建山东华阳农药化工集团有限公司。10月19日，山东华阳农药化工集团有限公司成立新闻发布会在济南南郊宾馆隆重举行，省委副书记、副省长宋法棠，省人大常委会副主任严庆清出席大会并揭牌，省委、省政府及市县有关领导出席了大会。

1996年10月29日，化工部副部长陈士能、副省长韩寓群在省化工厅厅长裴秀堂和市委副书记、副市长王学刚陪同下到山东农药工业股份有限公司视察。

1996年，侨昌研发出玉米田除草剂"玉草净"，并荣获国家"八五"重点攻关项目星火科技优秀成果奖。

1996年，淄博丰叶农药有限公司的500吨/年草除净项目被列为国家经贸委"双加"导向项目。

1996年，山东省化学农药生产能力69111吨（折百），国有农药企业13家，工业总产值106717万元，集体所有制企业2家，工业总产值5789万元；5家出口企业，出口金额9414.75万元。15家农药原药企业实现销售收入10.76亿元、利税0.74亿元，分别占全国的12.8%、15%，均居全国第三位；杀虫剂、杀菌剂、除草剂分别占全省农药年产量的86%、8%、2%。

1997年

1997年5月4日，山东省省长李春亭在烟台市委书记尹海深的陪同下参观视察了

京蓬生物药业股份有限公司，并亲笔题写了"争创一流"的题词，鼓励企业不断发展，再创辉煌。

1997年5月7日，双收农药权证在青岛证券交易中心正式挂牌交易，权证简称"双收农药"。

1997年5月8日，国务院颁布了《农药管理条例》，这是新中国建立后发布的第一个农药管理法规，首次把农药管理纳入法制化轨道，是加强农药行业法制建设的重大举措。

1997年5月18日，中共中央政治局委员、山东省委书记吴官正到山东农药工业股份有限公司视察。

1997年10月，山东农药工业股份有限公司除草剂草净津荣获"国家级新产品"称号。

1997年10月，侨昌在山东泰安举办首届产品订货洽谈会，确定了"玉草净创品牌"的战略目标。

1997年，山东胜利股份有限公司出资1300万元，对山东绿野化学有限公司进行控股，更名为山东胜邦绿野化学有限公司，注册资金2500万元。

1997年10月24日，时任山东省委副书记、常务副省长宋法棠到山东华阳农药化工集团有限公司视察工作。

1997年11月4日，中农联合第一个原药产品200吨/年哒螨灵原药项目启动。

1997年，双星化工厂成立，成为寿光第一家通过农业部和化工部批准的农药生产企业，正式进军农化行业。

1997年11月14日，时任中共中央政治局委员、山东省委书记吴官正等省、市领导同志到山东华阳农药化工集团有限公司指导工作。

1997年12月11日，济南绿霸化学品有限责任公司注册成立。

1997年12月31日，山东农药工业股份有限公司"植保"商标被评为山东省著名商标。

1997年，山东省18家农药生产企业工业总产值16703万元，年生产能力为30287.5吨（折百），杀虫剂29195.50吨，杀菌剂987吨，除草剂30吨，出口金额11284.59万元。

1998年

1998年1月，青岛双收农药集团股份有限公司划归青岛凯联集团。

1998年1月5日，青岛瀚生收购青岛平度市耀华化工厂，改制成立青岛东生药业有限公司。

1998年4月1日，山东省农药工业协会第一届理事会召开。

1998年4月，山东农药工业股份有限公司荣获全国"五一劳动奖状"。

1998年6月2日，山东省石油化学工业厅转发原化工部《关于印发"农药生产批准证书"申请考核办法的通知》。

1998年6月29日，淄博市属重点企业集团山东大成集团成立揭牌，更名为山东大成农药股份有限公司。

1998年8月，德州农药厂改制为股份制民营企业，更名为德州恒东农药化工有限公司。

1998年9月29日，经邹平县企业改制领导小组批准成立山东邹平农药有限公司。

1998年，侨昌完成从合资企业向民营企业的体制转换；12月全面贯彻ISO 9002国际质量管理体系。

1998年，临沂农药厂与山东胜利股份有限公司合资并更名为山东胜邦鲁南农药有限公司，系国家定点农药化工生产骨干单位。

1998年，龙口市化工厂实行了企业改制，改为个人独资企业。

1998年，山东省农药工业协会秘书处迁入山东省联合农药工业有限公司。

1998年，山东省18家农药生产企业工业总产值151370万元，企业生产能力达到68801吨（折百），出口金额17628.04万元。

1998年，化学工业部根据《农药管理条例》中农药生产管理相关规定，颁布实施了《化学工业部贯彻〈农药管理条例〉实施办法》。

1999年

1999年1月，东都农药厂移交新泰市，隶属新泰市化工局管辖。

1999年5月，双收农药被青岛碱业股份有限公司吸收合并上市，成立青岛碱业股份有限公司双收农药分公司。

1999年7月，经山东省人民政府批准，将山东农业大学、山东水利专科学校合并，同时将山东省林业学校并入，组建新的山东农业大学。

1999年7月1日，农业部与海关总署联合发出《关于对进出口农药实施登记证明管理的通知》，将《鹿特丹公约》中要求限制出口和进口的37个农药品种，列入《中华人民共和国进出口农药管理名录》（以下简称《名录》）中，并要求列入《名录》中的37种农药品种在进口或出口时需向海关出具"进出口农药登记证明"。

1999年7月，东部农药厂改制为"新泰市东都氯碱厂"（原企业"东都农药厂"厂名继续保留）。

1999年，侨昌聘任农民艺术家赵本山先生为公司荣誉董事长，并为"玉草净"作电视广告。

1999年，胜邦绿野在行业内率先通过ISO 9001国际质量体系认证。

1999年，胜邦绿野公司在全国率先研发完成玉米田苗前封闭型除草剂——41%异丙莠去津悬浮剂（玉农思）。

1999年，山东省农药研究所检验站通过山东省质量技术监督局的计量认证和审查认可，并获得国家石油和化学工业局授权，开始承担全省农药生产批准证书检测工作。

1999年12月，山东华阳科技股份有限公司成立。

1999年12月，青岛海利尔药业有限公司成立。

1999年12月15日，山东农药工业股份有限公司股票配股成功，募集资金总额18324.394万元。

1999年，山东省15家农药原药企业实现销售收入13.9亿元，生产能力达72921

吨（折百），其中除草剂1856吨。

2000年

2000年1月22日，山东农业大学植物保护学院慕立义等发明农药组合物——棉铃宝2号。

2000年1月，《农化新世纪》创刊，后更名为《今日农药》，山东省农药研究所主办召开第一届山东省农药信息交流会。

2000年3月9日，青岛东生药业有限公司收购日照五莲金汇化工厂并迁移至青岛莱西市，组建成立青岛瀚生生物科技有限公司；2003年整体改制为青岛瀚生生物科技股份有限公司。

2000年3月，山东华阳农药化工集团有限公司二甲戊乐灵、种衣剂项目被国家科技部列入国家火炬计划项目。

2000年3月，山东华阳农药化工集团有限公司被国家科技部认定为国家重点高新技术企业。

2000年3月，山东华阳农药化工集团有限公司5%神农丹颗粒剂被评为"山东省名牌产品"。

2000年4月，山东华阳农药化工集团有限公司开发生产15%涕灭威颗粒剂20余吨，产品全部出口，填补了我国15%涕灭威颗粒剂生产及出口的空白。

2000年，邹平农药有限公司研发的21%硅唑·多菌灵悬浮剂、70%丙森·多菌灵可湿性粉剂均通过省级科技成果鉴定，填补了国内空白。

2000年4月13日，山东农药工业股份有限公司与台湾巨丰生产科技有限公司合资成立山东成丰化工有限公司，生产间二甲苯、间苯二甲腈、百菌清系列产品。

2000年，山东省博兴县科农化工有限公司创立，生产第一个原药咪草烟。

2000年8月28日，高密市农药化工总厂改制为山东高密康丰农化有限公司。

2000年10月18日，山东农药工业股份有限公司正式更名为"山东大成农药股份有限公司"。

2000年11月9日，山东省联合农药工业有限公司核准为国家定点农药生产企业。

2000年，侨昌成立出口部，产品首次出口到欧洲，标志着企业开始向"世界侨昌"的目标迈进。销售额突破亿元大关。

2000年，双星化工厂正式变更为山东寿光双星农药厂。

2001年

2001年4月，山东亿嘉农化有限公司成立，开启了"双星""亿嘉"的双品牌经营模式。

2001年6月4日，《山东省农药管理办法》（山东省人民政府令第121号）经山东省人民政府批准，颁布施行。

2001年8月，山东华阳农药化工集团5%神农丹颗粒剂荣获山东省政府产品质量奖。

2001年9月，青岛奥迪斯生物科技有限公司正式成立。

2001年，山东胜邦绿野化学有限公司与胜利油田东方实业集团公司合资成立东营胜利绿野农药化工有限公司，建立济南、东营两大生产基地，形成规模生产优势。

2001年12月，山东省农药研究所第五届一次职工代表大会召开，实行科技经营管理目标责任制和全员聘任制，全面开启体制改革的序幕。

2001年，山东齐发药业销售收入首次过亿。

2001年，侨昌生产基地项目边施工、边建设，新产品乙草胺和甲草胺原药投产成功。除草剂产品生产总量突破一万吨。

2002年

2002年1月，山东玉成生化有限公司与国家中邮物流总公司第一家签订"玉成生化农药配送框架协议"，利用邮政庞大的物流网络，开创独特的市场分销体系，在邮政物流领域农药销售业绩突飞猛进，成为中邮物流重要战略合作伙伴。

2002年2月，山东大成农药股份有限公司顺利通过计量检测体系认证，公司计量检测工作跃上新台阶。

2002年3月28日，绿霸济南唐王基地厂奠基动工，开始了制剂加工到原药生产的转变。

2002年9月30日，绿霸百草枯中试成功，氨氰法新工艺向工业化生产迈进。

2002年10月，山东华阳农药化工集团被国家人事部批准设立"博士后科研工作站"。

2002年10月31日，山东华阳科技股份有限公司股票在上海证券交易所大厅举行隆重的新股上市仪式。

2002年，亿嘉农化古城生产基地筹建，与沈阳化工研究院建立合作关系。

2002年，滨州侨昌有限公司更名为山东侨昌化学有限公司。

2002年，淄博丰叶农药有限公司改制为周村穗丰农药化工有限公司。

2002年，山东齐发药业成为全国首批通过国家农业部GMP验收的企业之一。

2002年，山东侨昌化学有限公司与上海有机化学研究所、浙江化工研究院、国家南方农药创制中心合作创建上海中科侨昌作物保护科技有限公司，自行研制开发丙酯草醚、异丙酯草醚，并获得一项世界专利和三项国家专利。

2002年，山东省博兴县科农化工有限公司更名为山东先达化工有限公司，并在博兴县开发区征地130亩，第二个原药产品烯酰吗啉投产。

2002年，山东省30家原药生产企业实现销售收入22.56亿元，出口创汇1860万美元，生产原药近6万吨。

2003年

2003年6月17日，山东华阳和乐农药有限公司揭牌成立。

2003年7月3日，泰安联合生物化学科技有限公司成立。

2003年8月29日，东都氯碱厂被新泰工商行政管理局吊销了《企业法人营业执照》，"东都农药厂"继续保留，并按照规定进行企业年检。

2003年9月，山东高密康丰农化有限公司整体加盟年出口创汇1亿美元的孚日集团股份有限公司，成为该集团的三大骨干公司之一。

2003年9月12日，邹平县人民政府批准山东邹平农药有限公司改制重组。

2003年，青岛金尔总部基地在胶州工业园开始运行生产。

2003年，海利尔正式成立技术研发中心，探索原药技术，开启科研创新之路。

2003年，亿嘉农化古城制剂生产基地落成并完成厂区的搬迁。

2003年9月，山东省农药学会成立，山东省农药研究所任理事长单位，秘书处设在山东省农药信息中心。

2003年9月30日，高效氟吡甲禾灵试车成功，绿霸成为国内最早掌握高效氟吡甲禾灵生产技术的企业。

2003年10月30日，青岛瀚生伊斯特化学有限公司成立，开工建设第一条原药——氟磺胺草醚原药生产线。

2003年11月23日，绿霸百草枯项目列入"国家高技术产业化示范工程"。

2003年，山东中科侨昌化工有限公司、江苏徐州诺恩农化有限公司成立。

2003年12月，山东大成农药股份有限公司荣膺"2003年中国化工企业500强"。

2003年12月，济南科赛基农化工有限公司注册成立。

2003年，滨农科技启动国内制剂市场，组建制剂销售公司，注册成立中农民昌；企业改制，产权明晰。

2003年，国家经济和贸易委员会对原化学工业部颁发的《化学工业部贯彻〈农药管理条例〉实施办法》进行了修订，并颁布实施了《农药生产管理办法》。

2004年

2004年5月18日，齐鲁制药厂平阴分厂改名为山东齐发药业有限公司。

2004年7月15日，山东省人民政府令第172号修订《山东省农药管理办法》。

2004年7月，海利尔药业首批原药出口中东地区，进军国际市场。

2004年8月，山东省农药研究所参股的山东科信生物化学有限公司注册成立。

2004年，侨昌分别在中国香港、滨州设立侨昌进出口公司，侨昌品牌迅速在国际上打响。吉林四平圣峰化工有限公司成立。

2004年12月，绿霸敌草快试车成功。

2004年，国家经济和贸易委员会撤销，农药生产批准证书管理职能转移到国家发展和改革委员会。

2005年

2005年1月，氟啶胺试车成功，绿霸成为国内最早掌握氟啶胺生产技术的企业。

2005年1月，山东寿光双星农药有限公司成立；在西北农林科技大学设立"双星奖学金"，并建立教学科研基地。

2005年1月，山东侨昌绿色生化研发产业园在滨北开发区奠基，"侨昌家园"正式开工建设。位居"中国化工企业综合效益500强"第8位。

2005年1月31日，山东省人民政府办公厅颁布了《关于开展农药生产经营秩序专项整治工作的通知》。

2005年2月23日，山东高密康丰农化有限公司更名为高密市绿洲化工有限公司。

2005年4月，绿霸氯氟吡氧乙酸试车成功。

2005年5月11～15日，山东省农药工业协会受省石化办委托，组织了由设备、安全、工艺等方面专家组成的专家组，对山东先达化工有限公司、山东京博农化有限公司、滨州侨昌化学有限公司、山东滨州农药厂等十一家原药企业进行了安全检查和安全生产经验交流活动。

2005年6月，山东潍坊润丰化工股份有限公司注册成立，潍坊制造基地投入使用。

2005年，胜邦绿野化学有限公司顺利迁址济南市章丘化工产业园，注册资本增加至6000万元，同年万吨草甘膦项目顺利建成投产。

2005年，青岛瀚生1500吨/年氟磺胺草醚原有项目被列入国家发改委农药结构调整项目。

2005年，济南盛信达化工科技有限公司成立，后更名为济南先达化工科技有限公司。

2005年，《山东农药信息》《今日农药》入选中国期刊全文数据库，中文科技期刊数据库全文收录。

2005年11月，绿霸精吡氟禾草灵试车成功。

2005年11月18日，泰安联合生物化学科技有限公司核准为国家定点农药生产企业。

2005年12月，科赛基农莠去津原药项目签约入驻潍坊滨海经济开发区。

2005年，山东省农药工业协会建立了网站"山东农药网"（网址：www.sdnyxh.com）。

2006年

2006年1月17日，中国科学院院士蔡道基先生应邀到山东华阳农药化工集团有限公司就农药研发方向以及大棚蔬菜线虫最佳药剂配方授课指导，为公司的新农药开发提供了技术支持。

2006年，亿嘉农化取得进出口权，被评为"中国专利山东明星企业"。

2006年4月，绿霸氟啶脲试车成功。

2006年，先达公司在潍坊滨海开发区征地150亩，成立潍坊锐创化工有限公司，2009年更名为潍坊先达化工有限公司。

国家发改委规定，自2006年7月1日起，农药企业准入门槛将大幅度提高，申请农药企业核准的注册资金最低要求为：原药企业3000万元，制剂（加工、复配）企业1000万元，鼠药制剂、分装、卫生用药企业500万元。

2006年，青岛金尔正式更名为青岛金尔农化研制开发有限公司。

2006年8月，侨昌在中国农药行业2000余家企业中销售收入排名第6名，除草剂行业排第2名。9月山东潍坊侨昌农化集团有限公司成立，潍坊生产基地开工建设。"玉草净"被评为山东省名牌产品。

2006年9月6日，国务院"《质量振兴纲要》实施十周年暨中国名牌产品质量兴市先进表彰大会"在北京人民大会堂隆重举行，"华阳"牌拟除虫菊酯类产品荣膺中国名牌产品。

2006年9月，青岛碱业股份有限公司股权分置改革，双收公司经过资产置换后变为青岛海湾实业有限公司的全资子公司，变更为青岛双收农药化工有限公司。

2006年，青岛瀚生300吨/年乙羧氟草醚项目被列入中小企业发展专项资金项目；100吨/年氟啶脲原药项目被列入国家重点火炬计划项目；2006年9月，乙羧氟草醚原药被列为国家重点新产品。

2006年9月，大成农药菊酯产品荣获"中国名牌产品"称号。

2006年，山东省农药研究所"十一五"国家科技支撑计划课题"百草枯氨氰法清洁生产新工艺研究及开发"获得立项。检验站获农业部农药登记原药全组分分析实验单位资质。

2006年11月，中国化工农化总公司与淄博市财政局、大成集团签署资产重组补充协议。淄博市政府正式批复淄博市财政局，同意淄博市财政局将所持有的占总股本30.54%的大成股份国有股无偿划转给中国化工农化总公司。

2006年11月，中农联合投资1000万元建成了日处理能力为200立方米的农药废水处理装置，达到了国家四级排放标准。

2006年，山东滨农科技有限公司整体迁入滨州工业园区，扩大生产规模，进行管理规范化，公司正式更名为山东滨农科技有限公司；进一步整合销售队伍，降低对国外市场依存度，发展国内市场；依靠产品质量和技术创新，实施品牌战略；成立独立科研机构；导入CIS，打造企业品牌；销售额从1亿、3亿、5亿、7亿猛增至12亿，研发达到国内先进水平。

2006年11月，山东德浩化学（原潍坊科赛基农）年产10000吨莠去津原药项目正式建成投产。

2006年12月，山东华阳科技股份有限公司二甲戊乐灵、毒死蜱原药被国家技术部认定为高新技术产品。

2006年12月19日，山东中农联合生物科技股份有限公司成立。

为了健全农药产业的法制化管理体系，加强政府宏观调控，提高农药生产的准入门槛，强化企业准入管理，建立和完善农药生产企业退出机制，制止低水平重复建设，推动农药产业结构调整，创造出公平竞争的市场环境，2006年初农药企业延续核准工作全面启动，各地农药生产管理部门按照《农药企业核准、延续核准考核要点（试行）》的要求对本辖区的农药企业进行初步审核后，上报至国家发改委工业司，后经预审、专家评审、公告等程序。我国现有农药生产企业2000多家，截止到2006年底，各省上报的企业总数达1200家左右。

2006年底，山东省共有农药生产企业230家，其中原药生产企业78家，其余为加工、复配企业。2006年，山东省39家骨干原药生产企业共完成原药产量（折百）13.79万吨，销售收入58.96亿元；利润3.134亿元，利税41.49亿元，出口创汇1.162亿美元。

以"健康、安全、环保"为核心的责任关怀理念在农药行业中进一步深入人心，我国已经在江苏如东和山东潍坊建立了中国农药工业产业园南北两个园区，以实现资源优势与行业指导优势紧密结合。已有 90 多家企业入驻，投资总额达 150 亿元，园区的建设对于引导企业调整发展观念、实现我国农药工业可持续发展将产生重要而深远的影响。

2007 年

2007 年 1 月 1 日起，我国禁止生产和禁止使用甲胺磷、对硫磷、甲基对硫磷、久效磷、磷胺五种高毒有机磷农药。

2007 年 1 月，科赛基农小包装制剂销售，国内首家全面实行现款操作。

2007 年 2 月，经山东省经济贸易委员会审定，山东省农药行业技术中心正式依托山东省农药研究所挂牌成立。

2007 年 2 月 1 日，潍坊绿霸化工有限公司成立，拉开了向农药和医药中间体进军的序幕。

2007 年 4 月 13~15 日，山东省农药工业协会第四届三次会员大会在山东省临沂市召开。

2007 年，亿嘉农化羊口生产基地筹建。

2007 年 5 月，山东华阳农药化工集团通过 2007 年国家火炬计划重点高新技术企业认定。

2007 年 6 月，中农联合 1500 吨 / 年 2-氯-5-氯甲基吡啶生产线投入使用。

2007 年 7 月，侨昌通过 ISO 14001 国际环境管理体系和 GB/T 28001 职业健康安全管理体系认证。8 月乙草胺荣获"中国名牌产品"荣誉称号，是中国首批获此殊荣的企业。

2007 年 9 月，绿霸氰氟草酯试车成功。

2007 年 10 月，中农联合投资 2300 万元对废水处理装置工艺进行优化，提高治污效率。

2007 年 10 月，国家统计局调查中心、中国行业企业信息发布中心在人民大会堂发布了《2007 中国大企业集团竞争力年度报告》，华阳集团入围"2007 年中国大企业集团竞争力 500 强"。

2007 年 10 月，山东亿嘉农资连锁销售有限公司成立，开始农资直营店试点；10 月，发起创立寿光市慈善总会。

2007 年，青岛瀚生乳氟禾草灵合成产业化关键技术研究与开发项目被列入"高新技术出口产品共性技术研发项目"；2007 年 12 月，乳氟禾草灵原药被列为国家重点新产品。

2007 年 12 月 6 日，绿霸百草枯国家高技术产业化示范工程项目顺利通过验收。

2007 年，山东侨昌化学有限公司的"侨昌"牌乙草胺获得中国名牌产品称号。

2008 年

2008 年 1 月，德州恒东农药化工有限公司更名为山东田丰生物科技有限公司。

2008 年，亿嘉农化羊口生产基地投产；滨海生产基地筹建。

2008 年 5 月，山东海利尔化工有限公司正式成立，海利尔大规模投入原药生产。

2008年6月，中农联合2000吨/年吡虫啉项目开工建设。

2008年7月31日，山东省政协领导率山东省政协理论学习中心组读书会的成员，到山东潍坊润丰化工有限公司检查指导工作。

2008年11月，山东中科侨昌化工有限公司更名为山东亿尔化学有限公司。

2008年，山东潍坊润丰化工股份有限公司在阿根廷和澳大利亚进行自主登记，谋求公司战略转型。

2008年8月，寿光市亿嘉生物工程研究所成立，专门进行生物农药、仿生农药、环境相容性农药研发、技术推广和开展技术服务。

2008年9月9日，潍坊胜邦鲁南化工有限公司变更为潍坊中农联合化工有限公司。

2008年10月，中农联合投资建设1500吨/年的氰基乙酯及2000吨/年的咪唑烷项目，该项目是公司吡虫啉原药项目的配套产品，是企业产业链的延伸。

2008年10月，中农联合投资3000万元新上"三废"焚烧装置，焚烧装置把有害的废渣、废液、废气通过焚烧处理变为无害的物质，使"三废"排放达到国家的环保标准，不产生二次污染，烟气排放达到GB 18484—2001环保要求。

2008年10月，山东兆丰年生物科技有限公司成立。

2008年11月6日，中农联合用友ERP系统项目启动，标志着公司向管理精细化迈进。

2008年11月，经中国证监会批准，淄博市财政局持有的大成股份国有股划拨给中国化工农化总公司的过户手续办理完毕。中国化工农化总公司正式成为山东大成农药股份有限公司的第一大股东。

2008年11月，青岛瀚生二甲戊乐灵原药被列为国家重点新产品。

2008年12月，华阳集团"杂环类农药废水工业化治理及资源化利用"项目被国家科学技术部评为"2008年度国家级火炬计划项目"；"20%吡虫啉·三唑锡可湿性粉剂""20%水胺硫磷·哒螨酮乳油"被山东省科技厅评为"山东省自主创新产品"。

2008年，农药生产批准证书管理职能部门由国家发展和改革委员会变更至国家工业和信息化部。

2009年

2009年1月，瀚生氟磺胺草醚原药合成技术获得山东省科技进步三等奖。

2009年2月，瀚生经批准设立青岛市仿生农药工程技术研究中心。

2009年2月，中农联合2000吨/年吡虫啉项目投产使用，每年可新增利税2300万元。

2009年3月，海利尔药业总部乔迁暨研发中心落成典礼胜利举办。

2009年3月，青岛清原集团成立，总部位于青岛市国际经济合作区（中德生态园），是全球具备除草剂创制能力的9家企业中的唯一一家中国公司。

2009年4月1日，山东中农民昌化学工业有限公司出资200万元成立市级科研机构滨州市赢新化工研究院。

2009年，山东寿光双星农药有限公司正式变更为山东潍坊双星农药有限公司，厂区搬迁至潍坊市滨海开发区临港工业园。

2009年4月，潍坊绿霸化工有限公司6000吨/年百草枯生产装置试车成功。

2009年7月，山东侨昌化学有限公司被授予"山东侨昌化学有限公司院士工作站"，成为山东省首批获此殊荣的企业。

2009年10月1日，山东滨农科技有限公司申报的"绿色农药24%苯·氟·精乳油的开发及应用"被国家科技部列入国家科技计划——科技人员服务企业行动计划项目，并获得政府专项资金支持。

2009年10月8日，青岛植物营养科技有限公司成立；2009年，1000吨/年乳氟禾草灵原药项目被列入国家发改委重点产业振兴和技术改造专项项目。

2009年11月3日，济南绿霸化学品有限责任公司整体改制更名为"山东绿霸化工股份有限公司"。

2009年12月，潍坊绿霸化工有限公司18000吨吡啶碱装置试车成功。

2010年

2010年3月，山东寿光市亿嘉进出口有限公司成立。

2010年3月，山东侨昌肥业有限公司杀虫杀菌事业部成立。

2010年3月25日，青岛泰生农业科技有限公司成立。

2010年6月3日，滨农科技R-甲氧基异丙醇被科技部列入2010年度重点新产品计划项目。新型超高效除草剂S-异丙甲草胺中试试车取得成功，成为全球第二家能够生产该产品的企业，打破了瑞士先正达的全球垄断地位。

2010年7月，中农联合公司"研发中心"扩大规模、独立成更加专业的研发机构，推动新产品新技术迅速转化为生产力；9月成立了"中间体销售部"，健全了公司的组织机构。

2010年8月，侨昌荣获"中国企业教育百强"称号，30%氯酰草膦被国家科学技术部评为"国家重点新产品"。

2010年8月，组建山东省农药研究所农药残留检测实验室，后更名为残留检测研究所。

2010年8月，瀚生公司经批准设立博士后科研工作站。

2010年9月19日，工信部、环境保护部、农业部和国家质检总局联合印发了农药产业政策公告，正式公布《农药产业政策》。《农药产业政策》提出了确保农业生产和环境生态安全、加快工艺技术和装备水平提升、优化布局、规范市场秩序等8个政策目标。

2010年，中农联合按照国家及省安监局新颁布的危险化学品从业单位安全标准化规范的要求，以优异的成绩通过了安全标准化二级企业换证的验收，并荣获"泰安市危险化学品企业安全标准化先进单位"和"先进个人"的荣誉称号。

2010年10月5日，滨农科技获得"中国专利山东明星企业"称号。

2010年10月，亿嘉农化投资成立山东阳森机械有限公司，面向国内外进行大马力拖拉机及其他农业机械装备研发、生产和销售。

2010年11月，海利尔药业被认定为"国家级企业技术中心"。

2010年，山东华阳和乐农药有限公司变更为乐陵芳纶化工有限公司。

2011年

2011年1月，高密建滔化工有限公司收购高密绿洲化工有限公司全部生产经营性资产，进入氯碱行业，农药系列产品全面停产。

2011年，山东先达进行股份制改造，更名为山东先达农化股份有限公司。

2011年3月，山东绿霸化工有限公司全资收购山东田丰生物科技有限公司。

2011年3～7月，侨昌注册成立包头、衡水、金华、松原、潍坊、湛江分公司。

2011年5月，山东亿嘉农化有限公司北海分公司成立。

2011年5月27日，"滨农BINNONG"商标被国家工商总局正式评选为"中国驰名商标"，成为山东省260家农药定点生产企业中首家获评的驰名商标，标志着"滨农BINNONG"品牌在全国范围内获得了较高知名度和美誉度，为滨农科技打造百年品牌奠定了坚实的基础。

2011年6月，山东省农药研究所理化检测实验室获山东省质量技术监督局颁发的理化检测资质证书，具有国家认可的理化检测CMA资质。6月，国家"863"项目"百草枯废水资源化成套技术开发"通过验收。检验站获工业产品生产许可证检验机构资质，成为有资质承担农药生产许可证检测工作的专业机构。

2011年6月，海利尔药业集团股份有限公司正式成立，召开第一次股东大会。

2011年6月30日，滨农科技再次投资6000万高起点建设两套15000立方米生化池处理系统。

2011年8月，山东中农联合生物科技股份有限公司获得由中国石油和化学工业联合会颁发的"'十一五'全国石油和化工行业节能减排先进单位"荣誉称号。

2011年9月，海利尔集团董事长葛尧伦获评全国工商联、全国总工会颁发的"全国关爱员工优秀民营企业家"荣誉称号。

2011年10月，山东中农联合生物科技股份有限公司荣获"2011中国农药行业百强"称号。

2011年10月，山东中农联合生物科技股份有限公司荣获"中国农药行业责任关怀优秀企业奖"及"中国农药企业信誉评价AA级企业"。

2011年，山东胜邦鲁南农药有限公司成为横店控股集团旗下全资企业。

2012年

2012年2月，科赛基农被济南市人民政府授予出口国商标注册奖。

2012年2月，山东省农药研究所受邀参加济南市科技进步暨创新型城市建设表彰大会并受表彰。检验站通过农业部农药登记原药全组分分析GLP实验室认定。

根据2012年4月24日发布的[农业部、工业和信息化部、国家质量监督检验检疫总局公告第1745号]，自2016年7月1日起停止百草枯水剂在国内销售和使用。自公告发布之日起，停止核准百草枯新增母药生产、制剂加工厂点，停止受理母药和水剂（包括百草枯复配水剂，下同）新增田间试验申请、登记申请及生产许可（包括生产许可证和生产批准文件，下同）申请，停止批准新增百草枯母药和水剂产品的登记和生产许可。自 2014 年 7 月 1 日起，撤销百草枯水剂登记和生产许可、停止生产，保留母药生产企业水剂出口境外使用登记、允许专供出口生产。

2012 年 4 月，山东亿嘉农化有限公司与中国农业科学院、寿光市人民政府合作成立寿光市蔬菜病虫害防治研究中心；5 月，0.3% 丁子香酚可溶性液剂生物农药入选"国家火炬计划产品示范项目"；6 月，总部正式搬迁至亿嘉大厦，进入现代化办公模式。

2012 年，绿霸兼并山东壳克化工有限责任公司，更名为"济南绿霸农药有限公司"。

2012 年，青岛金尔收购"山东亿邦生物科技有限公司"，并改名为"山东碧奥生物科技有限公司"。

2012 年，"侨昌"获评"中国驰名商标"。

2012 年，绿霸 50% 百草枯可溶粒剂获得首家登记。

2012 年，山东先达启动新农药创制工程。

2012 年，山东潍坊润丰化工股份有限公司确定构建全球"快速市场进入平台"的战略，持续加大对该平台投资。

2012 年 8 月 17 日，滨农科技自主研发的"环保型高效除草剂甲基磺草酮的产业化"项目被列入 2012 年度国家火炬计划；自主研发的超高效麦田除草剂"氟唑磺隆"被列为 2012 年度国家重点新产品。

2012 年 9 月，山东中农联合生物科技股份有限公司创立大会暨第一次股东大会胜利召开，这是中农联合发展史上最重要的一次组织形式变革，标志着现代化公司治理结构的成功构建。

2012 年 11 月，山东中农联合生物科技股份有限公司被中国石油和化学工业联合会授予"石油和化学工业节水先进单位"荣誉称号，公司"农药高浓度废水 UASB 处理项目"荣获"石油和化学工业水处理优秀项目"。

2012 年 12 月 31 日，滨农科技自主研发的花生田、玉米田、甘蔗田、水稻田类除草剂共 14 个项目先后列入 2012 年度山东省技术创新项目计划；山东滨农科技有限公司由一星级中国专利山东明星企业成功晋级为二星级。

2013 年

2013 年 1 月，山东田丰生物科技有限公司更名为德州绿霸精细化工有限公司。

2013 年 1 月 31 日，滨农科技、中农民昌取得国家安全标准化二级企业证书。

2013 年，侨昌公司成立 20 周年。

2013 年 6 月，青岛双收农药化工有限公司划归为青岛海达控股有限公司的全资子公司。

2013 年，青岛金尔收购山东神星药业有限公司。

2013 年 8 月 1 日，滨农科技污水预处理工段一期项目运行成功，日中和污水 400 余立方米。

2013 年，山东潍坊润丰化工股份有限公司投资青岛平度制造基地，强化公司杀菌剂和杀虫剂供应能力。

2013 年 9 月，经山东省机构编制委员会批准，"山东省农药研究所"更名为"山东

省农药科学研究院",翻开发展的新篇章。

2013年10月,山东省联合农药工业有限公司荣获"2013年中国农药行业技术创新奖"荣誉称号。

2013年10月,山东省联合农药工业有限公司以6.7亿元的销售额排名"2013中国农药百强企业"第38位。

2013年10月,由海利尔药业集团股份有限公司承担的海洋生物源农药及环境友好型制剂国家地方联合工程研究中心(青岛)获国家发改委批复。

2013年10月28日,滨农科技获评"2013年国家火炬计划重点高新技术企业"。

2013年11月6日,滨农科技检测中心正式通过中国合格评定国家认可委员会(CNAS)认可评审。

2013年11月,山东省人才工作暨博士后科研工作站授牌会议在济南举行,海利尔药业集团获批设立博士后科研工作站。

2013年12月1日,滨农科技"1500吨/年莠灭净一锅法绿色合成工艺技术改造项目"被工信部列入2013年工业清洁生产示范项目,由财政部划拨中央财政清洁生产专项资金700万元予以支持。

2013年12月,中农联合获得由中国质量协会供销合作系统颁发的"全国供销合作社质量奖",该奖项的获得是全国供销合作社对公司卓越绩效模式实施效果的肯定,也是对该管理模式下生产的产品质量的肯定。

2014年

2014年2月,科赛基农在农业部首家登记吡嘧磺隆与丙草胺二元复配泡腾片剂,后被中国植物保护学会评为"植保产品贡献奖",并申请专利。

2014年4月,山东中农联合"'焦点营销'服务模式"被评选为第十届山东省企业经营管理科学创新成果奖,这是山东省企业管理最高奖。

2014年5月,山东亿嘉农化有限公司荣获"2014中国农药行业销售百强排名"第五十名。

2014年5月22日,山东省十二届人大常委会第十四次会议在济南闭幕,亿嘉集团董事长褚爱玲作为省人大代表参加会议。

2014年,青岛金尔在威海南海新区占地587亩的新生产基地正式开工建设。

2014年8月,山东省农药科学研究院生物测定实验室获农业部农药检定所颁发的杀虫剂、杀菌剂、除草剂登记药效试验资质证书,开始承担农业部杀虫剂、杀菌剂、除草剂登记药效试验。

2014年9月,潍坊新绿化工有限公司注册成立,启动24000吨吡啶项目建设。

2014年,山东埃森化学有限公司从国有企业变成股份制企业,最终成为民营企业。

2014年12月,由山东侨昌化学有限公司出资8000万元,成立山东侨昌现代农业有限公司。

2015年

2015年4月16日,为推广规范、科学使用农药,实现农药减量化使用,国家农业部药检所携手滨农科技在滨州市沾化区建立了"冬枣种植规范使用农药试验示范基地"，以探索特色经济作物科学管理、规范使用农药的种植模式。

2015年5月，中农联合以2014年销售额10.33亿元，荣获"2015农药行业销售百强"第34名。

2015年，山东潍坊润丰化工股份有限公司投资控股宁夏平罗、阿根廷制造基地，马来西亚、加纳等海外公司开始实体化运营。

2015年5月，山东绿霸进入"中国农药企业百强榜"前十五名。

2015年，兆丰年成立研究所，下设7个制剂研究室、3个生测试验室、4个分析与标准试验室。

2015年7月，山东泰格伟德生物科技有限公司成立，从事高端杀菌、杀虫剂国内销售。

2015年10月，青岛嘉美特植物营养工程有限公司成立，海利尔正式涉猎农业肥料领域。

2015年11月10日，"山东绿霸"新三板挂牌，股票代码834117。

2015年，胜邦绿野公司商标"胜邦绿野"通过国家工商行政管理总局商标局"中国驰名商标"认定。

2015年12月，山东大成生物化工有限公司成立，由河北济泰投资有限公司和山东大成农化有限公司共同出资，公司注册资本1.069亿元。

2015年12月，经山东省人民政府批准，山东省农药科学研究院归属山东省农业科学院管理，主管部门由山东省石油化学工业协会变更为山东省农业科学院。开始承担农业部《食品安全国家标准食品中农药最大残留限量》标准制定工作。首次参加农药技术性贸易措施官方评议工作，针对欧盟和加拿大发布的SPS通报进行官方评议。

2015年12月，中农联合年产10000吨农药制剂建设项目建成并投入使用；年产3000吨甲胍项目建成并投入使用。

2015年，农业部组织开展"农药使用量零增长行动"，加快推进农药减量增效。

2016年

2016年1月，山东中农联合"四氟苯氧基烟碱胺类化合物合成与应用研究"项目顺利通过国家"十二五"科技支撑计划课题技术验收。

2016年1月26日，瀚生公司技术中心升级为国家级企业技术中心。

《农药广告审查发布标准》自2016年2月1日起施行，原1995年3月28发布的《农药广告审查标准》同时废止。

2016年4月，德州绿霸举行建厂50年庆典。

2016年5月，中农联合以2015年销售额10.33亿元再次荣登"2016中国农药行业销售百强"榜单，位列第35位。

2016年，山东煌润生物科技有限公司正式运作。

2016年6月16日，因受到担保圈的影响，经滨城区人民法院裁定，正式受理侨昌化学破产重整一案，并组建了山东侨昌化学有限公司破产重整工作组为侨昌化学管理人。

2016年6月18日，山东省农药工业协会在济南召开第二届山东省农药工业协会质量分析技术专家委员会会议。

2016年，山东先达与南开大学、华东师范大学联合创立山东先达农化创新研究院。

2016年，山东潍坊润丰化工股份有限公司济南研发中心建成投入使用，玻利维亚、巴拉圭、乌拉圭、缅甸等更多海外公司开始实体化运营。

2016年7月7日，山东省农药工业协会在潍坊市召开农药企业生产经营调研座谈会。

2016年9月7日，亿嘉股份新三板挂牌敲钟仪式隆重举行。

2016年9月30日，重整管理人就侨昌化学在侨昌现代农业的股权转让事宜与战略投资方上海殷商资产管理有限公司签署了股转转让协议。

2016年10月1日，滨农科技顺利通过了中国合格评定国家认可委员会（CNAS）专家组对检测中心检测能力的复审，出具的试验数据具有权威性和公信力。

2016年10月，青岛闲农抗性杂草防治有限公司成立，主要销售抗草类农药。

2016年10月21日，侨昌化学第一次债权人会议在滨北凤凰剧院举行。

2016年12月，瀚生公司"Hansencn"商标荣获"中国驰名商标"称号。

2016年，山东省农药工业协会参与制定山东省农药工业"十三五"规划和农药许可实施细则修订，结合行业发展现状，准确及时提供政策建议，召开山东省农药工业"十三五"规划座谈会，对《山东省农药工业"十三五"规划》（征求意见稿）进行了讨论。

2017年

2017年1月，青岛海利尔在上海证券交易所主板A股上市（股票代码603639），公司发展进入快车道。

2017年，山东省农药科学研究院组建成立山东省农药安全评价研究中心。

2017年4月，山东中农联合在"新三板"挂牌，股票代码871103。

2017年5月，山东先达成功登陆上海A股市场，股票名称：先达股份，股票代码：603086。

2017年6月1日，国务院批准新《农药管理条例》施行。

2017年6月，山东中农联合在香港注册成立全资子公司——联合作物保护有限公司。

2017年6月，侨昌公司破产重整管理方案获通过；7月7日，破产重整管理人在公司组织了公司重整程序终结暨生产经营管理权交接仪式。

2017年7月，农业部发布第2552号公告，决定对硫丹、溴甲烷、乙酰甲胺磷、丁硫克百威、乐果5种农药采取管理措施。

2017年，山东齐发药业零缺陷通过FDA验收。

2017年8月1日起，与《农药管理条例》配套的《农药登记管理办法》《农药生产许可管理办法》《农药经营许可管理办法》《农药标签和说明书管理办法》《农药登记试验管理办法》及《农药登记资料要求》6个配套规章开始施行。

2017年8月，侨昌公司启动"金融侨昌"服务项目80余名优秀经销商代表参与了启动仪式。"金融侨昌"服务项目是农资服务方向上的一次高瞻远瞩的创新,是对侨昌平台上优秀经销商的一次普惠金融的大力支持,这将使得侨昌现代与经销商合作更加紧密、高效。

2017年8月,山东省农业厅种植业管理处挂农药管理处牌子,省农业厅机关核定农药安全总监1名(正处级),增加行政编制3名,副处级领导职数1名。

2017年9月,山东省农药工业协会在青岛、潍坊、济南、滨州、菏泽召开农药企业运营情况座谈会。

飞防作业爆发增长。2013年起植保无人机还多处于田间试验、演示示范和培育市场的阶段,到2017年则真正进入规模作业的时代。

2017年9月25日,山东滨农科技有限公司省级研发平台"山东省手性农药工程技术研究中心"在2017年绩效评估中被山东省科技厅评估为"优秀"等级。

2017年10月,侨昌公司与中国农业生产资料集团公司签署战略合同,承担乙草胺、异丙甲草胺、烯草酮等产品的生产任务,该产品列入国家战略救灾储备计划。

《京津冀及周边地区2017~2018年秋冬季大气污染综合治理攻坚行动方案》山东省实施细则发布后,涉及山东7地市137家农药制造企业取暖季生产问题,山东省农药工业协会组织调研后,积极向省农业厅等部门反映企业呼声,提交请示报告,获得厅领导支持,省骨干原药企业维持生产。

2017年11月,山东先达征地607亩,投资12亿元,建设辽宁先达农业科学有限公司。

2017年11月,海利尔吡唑醚菌酯微囊悬浮剂正式投产,成为国内企业获批登记的首个水稻田吡唑醚菌酯产品。

2017年12月,全省农药管理工作视频会议召开,于国安副省长出席会议并讲话,会议要求各级政府要全面贯彻落实党的十九大精神,按照乡村振兴战略决策部署,认真学习贯彻《农药管理条例》,强化粮食安全、生态安全、农产品质量安全三大安全意识,严把农药生产、经营、使用三大管理关口,加强组织领导,全面提高农药规范化管理水平。

2017年,山东中农联合营业收入突破11亿元,海外市场销售收入突破3亿元。

2017年,大成农药完成制剂项目的开车生产工作,并进行原药项目的基本建设。通过贸易和制剂销售,实现销售收入6亿元。

2017年,亿嘉股份晋升新三板创新层。

2018年

2018年1月1日起,农药生产企业、向中国出口农药的企业生产的农药产品,标签上必须标注二维码。二维码要求具有唯一性,确保通过追溯网址可以查询产品的生产批次、质量检验等信息。

2018年1月,海利尔集团启动"2018年限制性股票激励计划",与骨干员工共享企业发展成果。

2018年1月,侨昌新投资500万元建设RTO废气焚烧装置一套,处理能力5万立方米/小时，将生产所产生的废气全部收集，统一焚烧处置，达标后有组织排放。

2018年2月，邹平农药有限公司通过化工行业"安全、环保、质量、节能降耗"四评级一评价的考核。12月，被滨州市总工会授予"滨州市职工心理健康服务站"；同月，悬浮剂车间被滨州市总工会授予"工人先锋号"。

2018年4月，山东省农药工业协会正式更名为山东省农药行业协会。

2018年4月16日，瀚生公司总部搬迁至青岛市崂山区株洲路78号国家通信产业园1号楼。

2018年7月，山东中农联合生物科技股份有限公司检测中心获得CNAS认可证书。

2018年7月18日，山东省农药行业协会到临沂市沂南县蒲汪镇瓦插檐村、下坡村进行实地考察，初步了解两村实际情况及帮扶需求。

2018年8月30日，清原农冠创制的具有完全自主知识产权的双唑草酮、环吡氟草酮2个新化合物的6个产品（原药与制剂）获得了国家新农药登记，这标志着中国在除草剂创制领域的重大突破。

2017～2018年，国际标准化组织（ISO）批准了26种新农药英文通用名，山东中农联合创制产品氟醚菌酰胺（fluopimomide）位列其中，ISO名录上自此有了中国企业的名字——山东中农联合。

2018年，大成农药完成3000吨乙磷铝和1万吨百菌清的试生产工作。通过制剂加工、原药部分达产和贸易等，实现销售收入10亿元，进行股改引进投资做好上市的准备工作。

2019年

2019年2月，山东省农业农村厅种植业管理处挂农药管理处牌子，承担农药生产、经营监督管理工作，指导农药科学使用。

2019年3月15～17日，山东省农药行业协会第八届会员大会召开。

2019年4月，滨农科技GLP实验室正式获得由波兰卫生部化学物质管理局颁发的GLP证书（Registration number:6/2019/DPL），成为山东省首家、国内第23家OECD GLP实验室，同时也是国内第12家专门提供农药相关服务的GLP实验室。

2019年4月6日，李正名、罗锡文、陈剑平、钱旭红、宋宝安、康振生6位中国工程院院士，农业农村部科技发展中心副主任聂善明，全国农技推广中心党委书记魏启文等110余位专家领导，出席了清原农冠"环吡氟草酮"田间示范效果观摩验收会。专家一致认为，环吡氟草酮的创制和应用整体研究已达国际领先水平，标志着我国在新化合物（除草剂）创制应用上实现了弯道超车，为我国农药创制与应用贡献山东力量。

2019年，胜邦绿野公司在缅甸投资设立的"胜邦作物科技有限公司"完成注册登记，实现自主出口。

2019年5月，滨城区人民法院以《民事裁定书（2016）鲁1602民破1号之五》裁定书正式裁定确认山东侨昌化学有限公司重整计划执行完毕，并终结山东侨昌化学有限公司破产程序。

2019年6月18日，清原农冠创新中心在青岛市国际经济合作区（中德生态园）举行了开工仪式，揭开了工程建设的序幕。

2019年7月，大型科普纪录片《农药》在央视播放，赢得广大业内朋友和农民朋友的欢迎和好评。

2019年7月30日，《农业农村部办公厅关于切实做好农药包装废弃物回收工作的通知》发布。

2019年8月16日起，施行《山东省农药包装废弃物回收处理管理办法》。

2019年8月28日，《山东省化工投资项目管理规定》发布。

2019年，山东齐发药业4个产品销量连续5年达到全国第一。

2019年，大成公司生产进入正常运营状态。通过原药百菌清的改、扩产实现销售收入12亿元。

2019年，山东潍坊润丰化工股份有限公司发布新版公司愿景、使命、核心价值观，确定2020～2024年战略规划。

2019年10月28日，山东省农业农村厅下发《关于进一步加强限制使用农药管理的通知》。

2019年11月29日，农业农村部农药管理司公布最新禁限用农药名录，禁止（停止）使用的农药（46种），在部分范围禁止使用的农药（20种）。

2019年12月1日起，施行《山东省农药生产日常监督管理办法（试行）》《山东省农药经营日常监督管理办法（试行）》《山东省农药使用日常监督管理办法（试行）》。

根据民政部《社会组织评估管理办法》和《山东省民政厅关于开展第四批省管社会组织评估工作的通知》要求，经社会组织自评、第三方评估机构实地考察初评、评估委员会审定、公示和复核等程序，2019年山东省农药行业协会获评中国社会组织评估等级"5A级"。

为加强农药管理，保证农药质量，保障农产品质量安全和人畜安全，《山东省农药管理办法(征求意见稿)》向社会公开征集意见。意见征集时间为2019年11月28日至2019年12月28日。

结束语

峥嵘岁月，我们一路艰辛勇开拓；
改革时光，我们与时俱进谱新篇；
憧憬未来，我们志存高远创佳绩。
山东省农药行业七十年发展历程，
凝聚了山东农药风雨兼程、一路走来的精华篇章，
浓缩了山东农药励精图治、追求卓越的光辉岁月。

我们坚信——
有您一如既往的关爱与支持，
有"农药人"的执着与追求，
山东农药的未来会更辉煌，
山东农药的明天会更灿烂！
展望未来，我们满怀信心，充满理想与激情。
我们将以锲而不舍的精神，一如既往地执着于为三农服务一路奋进！